Modernes Russisch

В пути

Lese- und Arbeitsbuch für die Oberstufe

Herausgegeben von
Nina Benz, Rolf Laschet und Peter Jakubow

Ernst Klett Verlag
Stuttgart Düsseldorf Leipzig

Modernes Russisch – В ПУТИ

Herausgegeben von
Nina Benz, Bietigheim; Rolf Laschet, Esslingen; Peter Jakubow, Dettenhausen

Unter beratender Mitarbeit von
Dr. Ljubow Jakowlewa, Moskau, und Dr. Martin Schneider, Moskau

Tonträger zu В ПУТИ
2 Kassetten mit ausgewählten Texten des Schülerbuchs und Hörverstehenstexten, ISBN 3-12-515603-3
2 CDs mit ausgewählten Texten des Schülerbuchs und Hörverstehenstexten, ISBN 3-12-515605-X

Zu В ПУТИ gibt es ein Arbeitsheft mit zusätzlichen Übungen zum Wortschatz
und zur Grammatik, ISBN 3-12-515602-5.

Abkürzungsverzeichnis

Abk. – Abkürzung
Dim. – Diminutiv (Verkleinerungsform)
jdm. – jemandem
milit. – militärisch
Pers. – Person
Pl. – Plural
poet. – poetisch
s. – sich
umg. – umgangssprachlich
übertr. – übertragene Bedeutung
veralt. – veraltet

г. – год
гг. – годы
га. – гектар
им. – именительный падеж
род. – родительный падеж
дат. – дательный падеж
вин. – винительный падеж
тв. – творительный падеж
пр. – предложный падеж
кг. – килограмм
км. – километр

млн. – миллион
млрд. – миллиард
см. – смотрите
ст. – строчка
стр. – страница
сущ. – существительное
тыс. – тысяча
чел. – человек

1. Auflage 1 5 4 | 2005

Alle Drucke dieser Auflage können im Unterricht nebeneinander benützt werden; sie sind untereinander unverändert.
Die letzte Zahl bezeichnet das Jahr dieses Druckes.

Redaktion: Nina Benz und Dr. Hartmut K. Selke

Umschlag und Gestaltung: Christian Dekelver, Weinstadt
Druck: Firmengruppe APPL, aprinta druck, Wemding
Printed in Germany.
ISBN 3-12-515600-9

Vorwort

Hinweise für die Benutzer von В ПУТИ

Bei der Benutzung von ***В пути*** ist Folgendes zu beachten.

- **Vokabelerklärungen** erfolgen jeweils am Rand des Textes. **Am Rand erklärte Wörter** sind im Text dadurch gekennzeichnet, dass sie ein **Betonungszeichen** tragen (mit Ausnahme von Wörtern mit ё). Gelegentlich entsprechen zwei russische Wörter einem deutschen Begriff. In diesem Fall sind beide russische Wörter mit einem Betonungszeichen versehen. Es wird differenziert zwischen **passivem Wortschatz**, der nur an dieser Stelle dem Verständnis des jeweiligen Textes dient, und **aktivem Wortschatz**, der erlernt werden sollte. Handelt es sich um **passiven Wortschatz**, finden die Schülerinnen und Schüler nur die deutsche Entsprechung des russischen Wortes in der linken Spalte am Rand, und zwar jeweils in der im Text verwendeten Form. Beim **aktiven Wortschatz** erscheint in der linken Spalte das russische Wort und die deutsche Entsprechung steht in der rechten Spalte. Damit wird erreicht, dass die Lernenden sich den Aktivwortschatz durch Abdecken einer Spalte abfragen können.

- **Internationalismen** und aus dem Deutschen stammende Wörter, die aufgrund ihrer Lautung für die Schülerinnen und Schüler erschließbar sind, sind im gesamten Buch mit einem Sternchen (*) gekennzeichnet. Die betonte Silbe ist jeweils gekennzeichnet. Internationalismen werden nicht erklärt.

- Um den Schülerinnen und Schülern zu zeigen, dass man **Wortbedeutungen auch durch Ableiten erschließen** kann, werden in je einem Text pro Kapitel jene abgeleiteten Wörter, die leicht erschließbar sind, mit dem Zeichen ° versehen. Wenn die Betonung von der der bereits bekannten Form abweicht, ist das Betonungszeichen gesetzt.

- Alle **Arbeitsanweisungen** erfolgen **in russischer Sprache**. Im Anhang (ab S. 144) werden die verschiedenen Arbeitsanweisungen mit ihren deutschen Entsprechungen aufgelistet.

- Ebenfalls im Anhang befindet sich eine **Liste der unregelmäßigen Verben** (ab S. 150).

- **Wissenswertes** zu verschiedenen Bereichen wird in unterschiedlich gekennzeichneten Kästchen angeboten. Die mit И auf gelbem Grund gekennzeichneten Kästchen bieten landeskundliche Informationen; С auf hellblauem Grund steht für themenrelevanten Wortschatz, Р auf rotem Grund bietet Redemittel an und Г auf dunkelblauem Grund grammatische Strukturen. Ein Überblick über die verschiedenen Kästchen befindet sich im Anhang (S. 149).

И – landeskundliche Informationen
С – thematischer Wortschatz
Р – Redemittel
Г – grammatische Strukturen

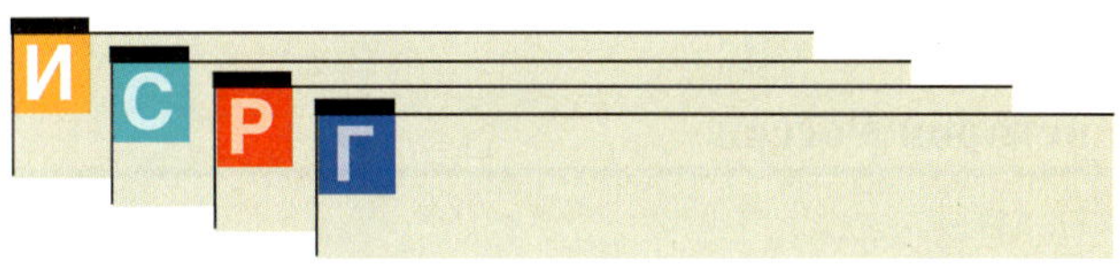

- Pro Kapitel wird ein **Hörverstehenstext** angeboten, der auf der Kassette bzw. CD als Tondokument enthalten ist. Vokabular wird zur Vorentlastung im Schülerbuch angeboten und Abbildungen und hinführende Aufgaben erleichtern in der Regel den Einstieg in das Thema.

Содержание

1. Привет, молодой!

2. Просто жить дальше

3. И Запад и Восток

4. Из истории России

5. Другой значит друг

6. Россия и Германия

7. Земля у нас одна

8. Она и он

1 Привет, молодой!

1. Опишите фотографии.
2. Что можно сказать о сегодняшней молодёжи в России?

1. Молодёжь, какая она?

Всем известно: каждое новое поколе́ние начинает с бу́нта против правил, устано́вленных отцами, и хочет жить по-своему. Но как ни протестуй, а всегда остаётся то, что признаю́т и отцы, и дети. Какие же це́нности сегодняшняя молодёжь считает ве́чными?

Наталья Шарапенко, студентка, 19 лет:
Главные ценности – то, что ближе всего: родные, друзья, вообще семья и дружба. Вот то, во что я верю. Всё вокруг меня́ется, старые идеалы исчезают, а это остаётся. За это и надо держаться, а ина́че невозможно жить. Жаль, что сейчас уже почти никто не верит в до́лг и че́сть, очень немногие стремя́тся к красоте, к высокому искусству, стара́ются стать лучше.

Наталья Васильева, студентка, 22 года:
Я вообще считаю, что вечного нет. Конечно, если говорить об искусстве, то оно постоя́нно, но восприя́тие, например, одной и той же картины в разные времена меняется. Мне вот сегодня какая-то песня нравится, а завтра – нет, всё зависит от настроения. Конечно, какие-то конста́нты* есть. Так справедли́вость, думаю, всегда будет ценностью. Но чувства изме́нчивы.

Все мы́сли, стремления, посту́пки для меня характеризуются одним словом: поря́дочность. Порядочность и является для меня вечной ценностью.

Юрий Карпинский, учащийся лицея при МГУ (Московский Государственный Университет), 16 лет:
Если хорошо задуматься над старыми ценностями, то многие из них сейчас кажутся не такими уж важными. Но ведь есть то, что существует как постоянная величина́. Вот Родина, например. Это моя страна, и я не собира́юсь из неё никуда уезжать. Я понимаю, как важно её защища́ть (но это совсем не значит, что я согласен служить в армии).

Россия для меня – это и русская литература, прежде всего, конечно, Пушкин. Другая важная ценность – это семья, именно русская патриарха́льная* семья.

Ирина Иванова, студентка МГУ, 17 лет:
Ценности, конечно, остались. Для меня вечные ценности те же, что и для других: любовь, дружба. Для нас, тех, кто учится в МГУ, очень большое значение имеет студенческое бра́тство (как в других ву́зах, я не знаю). Ну, а старые, советские ценности и идеа́лы* – это уже история. Сейчас даже смешно о них говорить.

Владимир Егоров, студент, 21 год:
Так сразу трудно сказать, я над этим никогда и не задумывался. Деньги, наверное. Они и в прошлом ценились, и теперь ценятся, и в будущем никто не захочет их вы́кинуть. Всё, как говорится, приходит и уходит, а есть хочется всегда. И если кто-то считает, что деньги – это ерунда́, то пусть со мной поделится, только спасибо скажу. А говорить о высоком... Раньше проще было: и цель у всех одна, и ценности. Коммунизм строили. А теперь цели нет, а ценности. Конечно, любовь, дружба, семья, родина (по родному городу очень скуча́ю). Ещё спорт, сопе́рничество. Но опять-таки для всего этого нужны деньги, чтобы любимому человеку и семье досто́йную жизнь обеспе́чить, и чтобы друзьям помогать, и чтобы просто иметь возможность делать добрые дела.

Литературная газета, 13.01.1999

1 поколе́ние – Generation
Rebellion
2 устана́вливать/установи́ть – feststellen
3 признава́ть/призна́ть – anerkennen
4 це́нность, -и – Wert
ве́чный – ewig
7 меня́ться – sich verändern
8 ина́че – sonst
9 долг – Pflicht
10 честь, -и – Ehre
стреми́ться к чему – streben nach
11 sich bemühen
14 постоя́нный – beständig
Wahrnehmung
17 справедли́вость, -и – Gerechtigkeit
18 veränderlich
19 мысль, -и – Gedanke
Taten
20 Anständigkeit
26 величина́ – Größe, Wert
27 собира́ться/собра́ться – beabsichtigen
28 защища́ть/защити́ть – verteidigen, schützen
36 Brüderlichkeit
Hochschulen
42 wegwerfen
44 ерунда́ – Unsinn; Quatsch
48 скуча́ть по чему – sich sehnen
Wettbewerb
49 досто́йный – würdig
50 обеспе́чивать/обеспе́чить – sichern

Лексика

Выпишите из текста все слова к теме: вечные ценности.

Грамматика

Образуйте существительные от глаголов
а) верить, б) стремиться, в) стараться, г) изменяться, д) поступать, е) обеспечивать, и) собраться.

Работайте с текстом

1. Назовите вечные ценности, о которых говорят молодые люди.
2. Что говорит Наталья Шарапенко о сегодняшних молодых людях?
3. Что думает Наталья Васильева о вечных ценностях?
4. Что является родиной для Юрия Карпинского?
5. Что важно в жизни для Ирины Ивановой?

Следующий шаг

1. Спросите ваших родителей, какие ценности они считали вечными, когда были молодыми.
2. Расскажите об этом в классе.
3. Сравните идеалы ваших родителей с вашими идеалами.

Ваше мнение

1. Согласны ли вы с Натальей Васильевой, что вечного нет? Обоснуйте ваше мнение.
2. Как вы относитесь к мнению Владимира Егорова о деньгах как о вечной ценности?

Мнения, дискуссии

У каждого поколения своя мода. В 60-ые годы это были «Секс, наркотики и рок-н-ролл». Хиппи медитировали.
Сегодня молодёжь ищет любовь по Интернету. Или сегодня модно: прести́жная* работа, хорошая машина и дружба по Интернету.
Идеалы – это только мода времени.

P

Согласие	Несогласие
Я за…	Я против…
Мне нравится…	Мне не нравится…
Я люблю…	Я не люблю…
Я могу себе представить…	Я не могу себе представить…
Я желаю / хочу / могу / хотел бы / мог бы…	Я не желаю / хочу / могу / хотел бы / мог бы…
Мне кажется, это правильно, потому что…	Мне кажется, что это не так.
Я (совершенно, абсолютно) согласен/-сна с (этим мнением, вами)	Я (совсем) не согласен/-сна с (этим мнением, вами).
Автор (ты, вы) прав/-а/-ы.	Я не могу (хочу) с… согласиться…
	Я думаю, что это неверно.

В России – роллерный бум. Езда на роликовых коньках стала одним из самых популярных видов летнего спорта.

2. Не хочу быть интересным!

Эксцентри́чный Иван Охлобыстин давно стал символом нового поколе́ния. Вот такие они, новые звёзды. Знакомьтесь: Иван – артист, сценари́ст, режиссёр*.*

Ты закурил тру́бку, пове́сил серьгу́.
Оксана, моя жена, бросала курить. А когда кто-то курит в доме сигареты – это же муче́ние. Вот я и взял трубку. Ну а серьга. Я ещё в институте сделал ды́рку в ухе. Потом в Канне купил серьгу – подумал, если уж есть дырка, почему не носить?
А татуиро́вка*, которую видно из-под рубашки, – подумал, почему не наколо́ть?
Татуировки я давно начал делать. Сначала драко́на, потом единоро́га. А потом сделал го́лую женщину на руке – там, где уже не закроешь. По-моему, наколоть и закрыть рубашкой – это какое-то преда́тельство. Я считаю, если уж что-то делать, надо идти до конца. Даже пить мало не могу – на вкус проти́вно и чу́вствуешь себя не в свое́й таре́лке.

Я – запо́йный во всём. В любви, в работе. И когда отдыхаю, мне нравится не гулять, а ходить быстрым шагом. Что-то такое от Форреста Гампа.
Мы начали со всяких «фе́нек», но что всё-таки мо́дно* для тебя по большому счёту?
Сейчас самые модные – работающие люди. Если тебе нравится твоя работа и ты ещё можешь зарабатывать ею, чтобы нормально жить, – это супермо́дно*.
Сегодня все, у кого есть деньги, хотят блесну́ть пиджаком от Версаче или чем-нибудь в э́том ро́де. Что модно у новой русской боге́мы?
Каждый выбирает то, в чём ему комфо́ртнее*. А когда «от Версаче» – это же обезья́нничанье простое.
Мы говорим о тебе, а получается – про всё поколение. Что, по-твоему, отлича́ет вас от предыду́щих?
У шестидесятников был «пионерский» энтузиа́зм*, задо́р единой идеи. В семидесятые у реформаторов кухонных, наоборот, апа́тия*. Наше же поколение более созерца́тельное: без энтузиазма. Но и без апатии.
У тех главная трудность была давле́ние идеологии. У нашего – отсу́тствие её. Очень трудно плыть в невесо́мости. Нет денег на кино, но нет ведь и сцена́риев*. Возьмите самые громкие фильмы: «Особенности национальной охо́ты» – это борьба с Брежневым, «Утомлённые солнцем» – со Сталиным. Да они же давно умерли!
А что же молодые?
Молодые лиши́лись киноиндустри́и*, аудито́рии*. А главное – нет осно́вы, на которой можно что-то делать. Нет не только готовых ответов – вопросов нет. Мы ставим их сами. Предыдущие поколения имели дело с уже существующими и́стинами. А нам надо снова открыть их для себя. В этом и трудность, но и плюс, потому что мы твори́м то, что будут разраба́тывать следующие поколения.
То есть должны появи́ться какие-то новые идеа́лы*.
Коммунизм отмени́ли, христиа́нство по-настоящему не ввели́, и до сих пор у самых ярких представи́телей моего поколения продолжается по́иск. Это чувствуется во всём. Люди стали пода́тливее, стали менее категори́чными*. А глоба́льно* прису́тствует хороший конформи́зм*. Он объединя́ет. Сегодня мы все вместе. И, наверное, это и есть

2	поколе́ние	Generation
3	Drehbuchautor	
4	Pfeife	
	ве́шать/пове́сить	aufhängen
	Ohrring	
6	Qual	
7	Loch	
10	sich tätowieren lassen	
11	Drache	
	Einhorn	
12	го́лый	nackt
13	преда́тельство	Verrat
15	widerlich	
	sich in seiner Haut nicht wohl fühlen	
17	*hier:* maßlos	
20	Auffälligkeit *(Jargon)*	
21	счёт	Rechnung
25	glänzen	
26	in dem Sinne	
27	Bohème, „Szene“	
29	Nachäfferei	
31	отлича́ть(-ся)	(sich) unterscheiden
	предыду́щий	vorig, vorhergehend
32	Übermut, Eifer	
34	beschaulich	
36	давле́ние	Druck
37	отсу́тствие	Abwesenheit
	Schwerelosigkeit	
39	Jagd	
40	„Die Sonne, die uns täuscht“	
42	verloren	
43	осно́ва	Grundlage
45	и́стина	Wahrheit
47	твори́ть/со-	(er)schaffen
	entwickeln	
48	яви́ться/по-	erscheinen
49	man schaffte ab	
	Christentum	
	man führte ein	
50	Vertreter	
51	Suche	
	nachgiebiger	
52	прису́тствовать	anwesend sein
53	объединя́ть/объедини́ть	vereinigen

Самых лучших учеников после окончания школы награждают золотыми или серебряными медалями.

идеал. Европа объединяется. Весь мир приходит к идее диалога. И культура, которая рождается сейчас у нас – общечеловеческая культура.

Ещё одна приме́та – какую бы бу́рную жизнь вы не вели, и ты, и твои друзья, сегодня все женились. Бра́к стал моден?

Конечно. Модно то, что прогресси́вно*. А брак прогрессивен. Я не хочу быть ловела́сом. Они – не модные. Особенно в наше время с его поисками себя, фина́нсовыми* проблемами. Нужно, чтобы что-то держало тебя. Я хочу иметь семью, иметь свой дом.

Я вспоминаю, каким ты был лет пять назад, и думаю, что в тебе изменилось?

Тогда мы расша́тывали систему. Нужны были эта энергия и эта эксце́нтрика*. А сейчас времена́ лю́тые. Практически каждый имел за эти годы возможность хоты бы раз умереть. И это сделало нас серьёзнее. Раньше на сером фо́не хотелось быть оригинальным. Я вот говорю, а сам думаю: «Люди прочитают и скажут: «Какой клёвый парень! Мы его понимаем!» А раньше хотел, чтобы говорили: «Какой интересный!» Но я уже не хочу быть интересным, я хочу быть понятным.

Аргументы и факты, 14/1996

57 Merkmal
stürmisch
58 брак — Ehe
60 Schürzenjäger
65 brachten ins Wanken
66 harte Zeiten
68 Hintergrund
70 klug, toll *(Slang)*

И Оттепель / Застой

В пятидесятые-шестидесятые годы наступает время реформ Хрущёва, которое назвали «о́ттепелью» (Tauwetter). После страшного сталинского террора в стране была разрешена некоторая свобода в искусстве, литературе. Художники, поэты, писатели с энтузиазмом встретили эти реформы.
70-ые годы названы в истории России «временем застоя» (Stagnation). Политическая жизнь в стране характеризуется апа́тией*. Дискуссии люди вели только на кухнях, потому что были уверены, что изменить эту систему нельзя.

Работайте с текстом

1. Как характеризует Иван Охлобыстин сегодняшнее поколение молодёжи в России?
2. Какие трудности у молодёжи сегодня?
3. О каких новых идеалах идёт речь в тексте?
4. Что говорит Иван о браке?
5. Интерпретируйте заголовок интервью.

Работайте в парах

Спросите друг друга:
1. Кто из музыкантов, артистов, спортсменов вам нравится?
2. Почему вам нравятся эти люди?

Говорите

Придумайте ситуации, в которых можно было бы употребить идиоматические выражения в рамке.

P Идиоматические выражения

У тебя не все дома.	Du hast nicht alle Tassen im Schrank.
Он встал сегодня с левой ноги.	Er ist heute mit dem linken Fuß aufgestanden.
У неё семь пятниц на неделе.	Sie ist wankelmütig.
Я чувствую себя не в своей тарелке.	Ich fühle mich nicht wohl in meiner Haut.

Ваше мнение

1. Как вы думаете, почему Иван считается «новой звездой» в России?
2. Что, по-вашему, необходимо человеку, чтобы стать звездой?
3. Почему, по-вашему, молодёжи необходимы звёзды?

Мнения, дискуссии

1. Чтобы стать звездой нужно иметь экстравага́нтную* внешность и оригинальные мысли.
2. Сегодня звёзд делают по заказу на компьютере.
3. Звездой может стать только тот, у кого есть хари́зма*.

3. Из жизни старшеклассников

Ученики 9-11-ых классов 303-ей школы г. Санкт-Петербурга дали ответы на вопросы анкеты о жизни старшеклассников. Всего было проанкетировано 133 ученика. (Результаты опроса даны в процентах.)

1. У тебя достаточно свободного времени? — да: 46,6; нет: 53,4

2. Твоё любимое занятие в свободное время:

а) читать	28,6
б) слушать музыку	78,2
в) играть на музыкальном инструменте	6
г) ходить к друзьям	55,6
д) ходить в кино/театр/на концерт	22,5
е) смотреть телевизор	36,8
ж) ходить на дискотеку	25,6
з) заниматься спортом	24

3. Ты любишь путешествовать? — да: 95,5; нет: 4,5

4. Где ты уже побывал?

а) в других городах СНГ	66,9
б) за границей	41,3
в) нигде	3,8

5. Интересуешься ли ты политикой? — да: 35,3; нет: 64,7

6. Считаешь ли ты, что твоё активное участие в политике может положительно изменить жизнь в стране? — да: 29,3; нет: 70,7

7. Что ты любишь читать?

а) детективы	39
б) газеты/журналы	41,3
в) комиксы	3
г) беллетристику	7,5
д) рекламу на автобусах	9
е) познавательную литературу (Sachliteratur)	57,1

8. Ты уже был/а влюблён/влюблена?

а) очень серьёзно один раз	33
б) немножко	46,6
в) сто раз	27

9. Что ты хочешь делать после школы?

а) пойду учиться в институт (уже знаю в какой)	67,7
б) пойду работать	1,5
в) выйду замуж/женюсь	3,8
г) пойду учиться куда-нибудь	31,6

10. Ты веришь, что будешь счастлив/а? — да: 92,5; нет: 6

Молодёжь на улицах города.

11. Ты доволен/довольна своей внешностью?	**да: 82** **нет: 15,8**
12. Ты веришь в Бога?	**да: 74,4** **нет: 24,8**
13. Ты чувствуешь себя взрослым/взрослой?	**да: 69,9** **нет: 29,3**
14. Говоришь ли ты со своими родителями о своих проблемах, чувствах, планах?	**да: 67,7** **нет: 31,6**
15. У тебя есть друг/подруга/друзья?	**да: 91,7** **нет: 8,3**
16. Пробовал/а ли ты когда-нибудь какие-нибудь наркóтики (Droge)?	**да: 10,5** **нет: 88,7**
17. Ты ходишь в школу	
а) с удовольствием	15
б) Надо – значит, надо.	64,7
в) Самое хорошее время в школе – это каникулы.	42,1

18. У тебя есть любимый учитель?	**да: 74,4** **нет: 24**
19. Если есть, то какие качества ты ценишь в нём?	
а) знание предмета	58,6
б) толерáнтность*	36,1
в) юмор	58,6
г) справедли́вость (Gerechtigkeit)	49,6
20 Случалось ли, что ты в школе плакал/а?	**да: 57,1** **нет : 27,9**
21. Испы́тывал/а (fühlen, empfinden) ли ты перед каким-нибудь учителем страх?	**да: 66,9** **нет: 33,1**
22. Что бы ты хотел/а измени́ть (verändern) в школе?	
а) методы преподавания	48,1
б) убрать некоторые предметы	21
в) ввести новые предметы:	42,9
психологию	13,5
информатику	16,5
семейное право	1,5
этику	0,8
астрономию	0,8
философию	2,2
второй иностранный язык	2,2

Работайте с опросом

1. Прочитайте и переведите вопросы анкеты.
2. Обсудите ответы учеников.
3. Охарактеризуйте русских старшеклассников по результатам этой анкеты.
4. Проведите подобный опрос в вашем классе/школе.
5. Сравните результаты опросов.
6. Какие вопросы анкеты кажутся вам не актуальными для вашей ситуации/возраста/страны?
7. Дополните анкету вашими вопросами.

Грамматика

Составьте несколько предложений с данными опроса по образцу:
У сорока шести процентов опрошенных учеников достаточно свободного времени.
У пятидесяти трёх процентов его не достаточно.

Г Склонение числительных (Deklination der Zahlwörter)

Им.	один	одна	одно	одни
Род.	одного	одной	одного	одних
Дат.	одному	одной	одному	одним
Вин.	один	одну	одно	одни
	одного*			одних*
Тв.	одним	одной	одним	одними
Пр.	об одном	об одной	об одном	об одних

Им.	два	две	три	четыре	пять
Род.	двух		трёх	четырёх	пяти
Дат.	двум		трём	четырём	пяти
Вин.	два	две	три	четыре	пять
	двух*		трёх*	четырёх*	
Тв.	двумя		тремя	четырьмя	пятью
Пр.	о двух		о трёх	о четырёх	о пяти

	2000	2001
Им.	двухтысячный год	две тысячи первый год
Род.	двухтысячного года	две тысячи первого года
Дат.	двухтысячному году	две тысячи первому году
Вин.	двухтысячный год	две тысячи первый год
Тв.	двухтысячным годом	две тысячи первым годом
Пр.	о двухтысячном годе	о две тысячи первом годе
	в двухтысячном году	в две тысячи первом году

*belebt

4. А у нас в Омске лучше

Перед чтением

– Посмотрите по карте, где находится город Омск.
– Как вы думаете, о чём пойдёт речь в тексте?

Привет, «Молодой»! Вы, конечно, там, в столице, наи́вно думаете, что Москва – это пу́п если не земли, то уж нашей страны точно. Но любой человек, у которого есть географический атлас, скажет, что в центре России находятся Омск, Новосибирск, Красноярск, но не Москва. В вашей же газете (мною любимой и читаемой) люди, события и о́пыт – только московские, про нас – ни слова. Поэтому вот вам несколько фактов о жизни ти́нов* в самом центре страны – в городе Омске.*

Школы. В городе две группы школ. Одни переименова́лись в лицеи и гимназии и теперь стараются это оправда́ть. Компьютеры и несколько иностранных языков стали обычным делом. Другая половина школ ничего не переименовывала. Теперь эти школы слу́жат пу́галом и местом ссылки плохих лицеистов и гимназистов.

Вузы (высшие учебные заведения). Их в городе много, но институтов осталось только два или три. Остальны́е носят гордые назва́ния академий и университетов. Конкурсы есть везде, потому что омские абитуриенты созна́тельно и дру́жно идут получать высшее образова́ние. Самые популярные факультеты – это юридический ОмГУ(Омского Государственного Университета) и иностранных языков педагогического. На одно место здесь – 7-8 человек. Большую популярность имеют также 2 вое́нных учи́лища – общевойсково́е и та́нковое. Идут туда не по призва́нию, а из-за полного государственного обеспече́ния и стипендии, от которой пу́хнут карманы.

Облома́вшихся абитуриентов подбира́ют ПТУ (профессионально-техническое учи́лище), спря́танные под вы́весками колледжей. Профессии здесь можно получить самые разные, начиная со сва́рщика и заканчивая экзотическим имиджме́йкером*.

Спорт. Новое поколе́ние отно́сится к спорту очень и очень положи́тельно. Самой большой популярностью пользуются секции восточных и западных единобо́рств и атлетические залы. Очень многие занимаются элитарным, казалось бы, большим теннисом. В футбол во дворах играют до 20 лет. Нельзя не сказать о хоккее. В него играют многие, а остальные «болеют».

Музыка. Большинство школьников слушают попсу́, девушки – российскую, мальчики – импортную. В прошлом году был бум* «Наутилуса» и «Агаты».

Меньшинство, которое слушает другую музыку, называют «па́нки*». Относятся к ним с иронией. Они служат мише́нью для анекдотов, особенно те, которые выражают свои музыкальные вку́сы в одежде. Позднее примерно половина из них сами начинают любить рок. Но много и таких, которые проявляют большую музыкальную терпи́мость. Они могут найти общий язык с любым мелома́ном*, будь то рэ́йвер* или люби́тель Вагнера.

2	Nabel	
6	о́пыт	Erfahrung
9	wurden umbenannt	
10	опра́вдывать/оправда́ть	rechtfertigen
13	служи́ть/по-	dienen
	Vogelscheuche	
15	остально́й	übrig; verblieben
16	Bezeichnung	
17	созна́тельный	bewusst
	дру́жный	einig; gemeinsam
18	образова́ние	(Aus)Bildung
21	Militärschulen	
22	Heeres-	
	Panzer-	
	Berufung	
23	Versorgung	
24	schwellen an	
25	gescheitert *(umg.)*	
	lesen auf *(übertr.)*	
26	Berufsschule	
	пря́тать/с-	verstecken
	Schild	
28	Schweißer	
29	поколе́ние	Generation
	относи́ться/отнести́сь к чему	sich verhalten
30	положи́тельный	positiv
31	Kampfsportart	
35	Pop	
39	Zielscheibe	
41	вкус	Geschmack
43	Toleranz	
44	люби́тель	Liebhaber

Танцевать можно почти в каждом из многочисленных Домов Культуры. Везде есть неплохие дискотеки. Музыку играют самую разную.

Чтение. Лидером среди периодических изданий у молодёжи является «Спи́д-Инфо», распродаваемый огромными партиями. «Молодой» завозится в город минимальными количествами и только в киоски «Роспечати», где его раскупают в течение получаса. При этом остаются без свежего номера самые пре́данные читатели (автор, например).

Как известно, студентам кроме газет и журналов, надо читать умные книжки. Так как в академиях и университетах от перемены вывески книг в библиотеках не стало больше, то встречаются любители книг в областной библиотеке им. Пушкина (самая кру́пная в Сибири, чтобы вы знали). Студентов там собирается столько, что им дали для тусо́вки целый этаж.

Зре́лища. У телевизионных аппаратов не хвата́ет кно́почек для всех кана́лов*. Их теперь уже больше 10. Некоторые делают со́бственные передачи. Другие показывают московские и пи́терские каналы. И те и другие показывают массу фильмов. Копии, конечно, пира́тские*. Перед зрителем часто появляются надписи в ду́хе «The property of…» или «Not for sale». А некоторые копии были сделаны в кинотеатрах прямо во время сеа́нса и на экра́не иногда можно увидеть полусо́гнутые фигуры опоздавших, которые ищут свои места. Кроме того, можно слышать, как глупые американцы смеются и аплодируют в самых несмешных местах. Кинозалы по понятным причинам пусту́ют. Последний раз аншла́ги были, когда шли «Утомлённые солнцем».

Плохие привычки тинов. Любители алкогольных напитков могут легко быть патриотами. Пиво в городе делают два завода, водку – три. Причём напитки эти – предмет гордости каждого о́мича. Пиво из Омска покори́ло пол-Сибири и Казахстана. Выпендрёжники всё ещё покупают импортные сорта пива, но настоящие профессионалы призна́ли нашу марку Багбиер – народным пивом. А омская водка «Оша» идёт на экспорт в Англию. Неплохо?

Из нарко́тиков распространено́ всё, что можно курить. Хотя бы раз попробовала «ду́нуть» почти половина молодёжи мужского полу, не считая себя при этом нарком́анами. Пауки́ – это те, кто ню́хает, ко́лет и глота́ет. Таких, кстати, очень немного.

Омск и столица. Столичные тины в Омск почему-то не ездят. Но здешние часто ездят в Москву и Питер. Отличи́ть сибиряко́в можно по мехов́ым ша́пкам (дело обычно происходит на зимних каникулах). После разговоров с ме́стными наши говорят, что москвичи – друзья менинги́та* (попробовали бы у нас без шапки ходить); говорят жители обеих столиц не по-русски (если а́кающих москвичей ещё можно понять, то питерцев, глотающих половину гла́сных, – с трудом); и вообще, у нас в Омске лучше, потому что Омск – самый красивый город.

Аргументы и факты, 3/1997, Антон Провинциал

49	спид	AIDS
52	пре́данный	treu
58	кру́пный	groß
59	Treff	
60	Unterhaltung	
	хвата́ть/хвати́ть *(nur 3. Pers.*; хва́тит)	ausreichen
	Knöpfchen	
61	со́бственный	eigen; eigentlich
62	St.-Petersburger *(umg.)*	
64	im Sinne	
66	Vorführung	
	экра́н	Bildschirm; Leinwand
67	gebückte	
70	stehen leer	
	Plakat „Ausverkauft“	
71	„Die Sonne, die uns täuscht“	
74	причём	wobei
	Einwohner von Omsk	
75	überzeugte	
	Angeber *(Jargon)*	
77	признава́ть/призна́ть	anerkennen
79	нарко́тик	Droge
	verbreitet	
80	Drogen ausprobieren *(umg.)*	
81	Drogenabhängiger	
	Spinne	
82	schnüffelt	
	spritzt	
	schluckt	
84	отлича́ть/отличи́ть(ся)	(sich) unterscheiden
	Sibirier	
85	Pelzmütze	
86	Einheimische	
88	den a-Laut dehnen (typisch Moskauer Aussprache)	
90	Vokal	

1. Прочитайте объявления.
2. Где можно учиться за границей?
3. О каких изменениях в стране говорят такие объявления?

Грамматика

Употребите прошедшее время.

1. В городе две группы школ.
2. Вузов в городе много.
3. На одно место здесь бывает по 7-8 человек.
4. Идут туда не по призванию, а из-за стипендии.
5. Профессии здесь можно получить самые разные.
6. В футбол во дворах играют до 20 лет.

Работайте с текстом

1. Что вы узнали из текста о школах в Омске?
2. Почему самые популярные факультеты – это юридический и иностранных языков?
3. Почему популярны военные училища?
4. Какие виды спорта популярны не только в Омске, но и во всей России?
5. Что вы узнали о музыкальных вкусах молодёжи в Омске?
6. Как вы думаете, почему пустуют кинотеатры?
7. Сравните плохие привычки тинов в Омске и у вас.

О себе

1. В какой школе вы учитесь?
2. Каким видом спорта вы занимаетесь?
3. Какую музыку вы любите слушать?
4. Что вы любите смотреть по телевизору или в кино?
5. Есть ли у вас плохие привычки? Какие?

Работайте в парах

Спросите друг друга:

1. Интересуетесь ли вы компьютером?
2. Изучаете ли вы иностранные языки? Какие?
3. Кем вы хотите стать в будущем?

1. Опишите карикатуру.
2. Какую проблему она затрагивает?
3. Почему взрослые и дети часто не понимают друг друга?

В. Полухин, Е. Меркурьев (тема)

5. Какой же я новый русский?

«Новые русские» появились во время перехода России к рыночной экономике. Почему «новые»? Потому что некоторые из них фантастично богаты, чего раньше не могло быть. Принято считать, что «новые русские» – это бывшие партийные и комсомольские работники или криминальные элементы. Но многие доби́лись успеха своим трудом. В интервью вы познакомитесь с одним из новых русских, Николаем Белоусовым.

добива́ться/доби́ться — etw. erreichen

И. Танаев, г. Самара

Перед прослушиванием

Опишите карикатуру. Прочитайте анекдот.

Новый русский пишет письмо сыну, который учится в Москве. «Посылаю тебе денег. Купи машину и езди в институт на машине». Сын отвечает: «Машину покупать не буду. У нас все ездят в институт на автобусе». Отец отвечает: «Посылаю ещё денег. Купи автобус и езди, как все».

Что вы можете сказать о новых русских?
– Новые русские – очень популярная тема для анекдотов в России. Как вы думаете, почему?

Эти слова и выражения помогут вам понять текст:

всё остально́е – всё, что оста́лось; това́рищ – знако́мый, не бли́зкий друг; достига́ть/дости́гнуть чего – дости́гнуть своей цели, достигнуть успехов в жизни; овладе́ть в совершенстве – научи́ться де́лать что́-то о́чень хорошо́; штат – лю́ди, кото́рые рабо́тают вме́сте на одно́й фи́рме; опто́вый склад – помеще́ние для большо́го коли́чества това́ров; пала́тка – вре́менное помеще́ние для торго́вли; со́товый телефо́н – телефо́н моби́льной свя́зи; лень – нежела́ние рабо́тать; судьба́ – то, что тебя ждёт в жи́зни; тра́тить де́ньги – покупа́ть мно́го ну́жных и нену́жных веще́й

Работайте с текстом

Что вы узнали из интервью
а) о Колиной работе,
б) о его занятиях раньше,
в) о его планах на будущее,
г) о его друзьях,
д) о его семье,
е) о его отношениях с одноклассниками,
ж) о его отношении к религии,
з) о его проблемах?

Ваше мнение

Коля не считает себя новым русским.
Приведите аргументы за и против этого мнения.

Мнения, дискуссии

1. Коля рано бросил школу и стал заниматься бизнесом. Для занятия бизнесом нужен талант, а не учёба.
2. Бизнесом может заниматься любой человек.
3. Чтобы стать бизнесменом, сегодня нужно обязательно учиться.

О себе

1. Как вы относитесь к деньгам?
2. Хватает ли вам карманных денег?
3. Сколько денег вам нужно в месяц и для чего?
4. Получаете ли вы карманные деньги от родителей или подраба́тываете (jobben) сами?
5. Где вы уже подрабатывали? Расскажите о своих впечатлениях от работы.

C Словарик для Интернета

баннер: ставить баннер на страничку в Интернете
вэб-мастер
заходить/зайти на страницу
заниматься рекламой и баннерными программами
кликать, я кликну, ты кликнешь, они кликнут; кликни сюда (здесь)!
коммерческий сайт
меню
надомная работа на компьютере
общение (Kontakte) через Интернет
онлайн
отрекламировать свою страницу
отправка сообщения (senden)
печать (Ausdruck) документа
поисковая система (Suchmaschine); отрекламировать свою страницу в поисковой системе
посылать по электронной почте (E-mail)
программист: учиться на программиста, работать программистом
работа с мышью
резюме: оставить на сайте своё резюме
сайт: найти сайт; послать на сайт своё предложение; платный сайт
создать в Интернете свою страничку (Homepage)
создать Интернет-магазин; создать платную базу данных
создание документа
создание рисунка
указатель мыши
файл
хранение данных на дискете
щёлкнуть, я щёлкну, ты щёлкнешь, они щёлкнут; щёлкни сюда (здесь)!

В. Уборевич-Боровский, В. Луговкин (тема)

Интерпретируйте карикатуру.

6. Возраст любви или возраст карье́ры*?

Перед чтением

– Какой возраст, по-вашему мнению, является лучшим для карьеры, а какой для любви?
– Как вы вообще относитесь к карьере?

Их зовут Алексей Мазурин и Наталья Пронина. Ему – 17, ей – 14. Встретив их на улице можно подумать, что это какие-то рэ́йверы*: бо́ты* на огромной платфо́рме*, какого-то нереального цвета брюки, ко́фты в кисло́тных разво́дах, «уша́стые» ша́почки. Но что-то смуща́ет.

А! Похо́дка. Рэйверы, да и другой народ, так не ходят! Так ходят моде́ли* или танцоры.

Жизнь танцоров Наташа и Лёша узнали очень рано. Она танцует с 4-х лет, он – с 6-и. Начав заниматься в разных местах, поменяв много партнёров и партнёрш, имея различные чемпио́нские* ти́тулы*, в 1995 году эти двое встречаются. Ей – 11, ему – 14. Лёша сначала был недоволен: «Я хотел «большую» партнёршу, рове́сницу, с же́нственной фигурой. А тут какая-то ху́денькая девчонка». Но как только они встали в пару, всё стало ясно: одина́ково работают руки, похожая пла́стика*. Они подходили друг другу.

Уже после их первой победы, на самом первом конкурсе, всему московскому танцевальному миру стало понятно: это Пара. Их стиль, сначала так шоки́рующий*, стали копи́ровать* многие начинающие танцоры. Эмоциона́льность*, пластика, эроти́зм* их танца стали визи́тной* ка́рточкой* этой пары.

Они и в жизни – пара. Нет, не в смысле, что они – «парень и девушка» в том значении, в котором сейчас понимают эти слова. Их отношения – это отношения по принципу «брат-сестра» или даже «папа-дочка». Во многих поездках вся забота и отве́тственность за Наташу ложится на партнёра. А вообще-то Алексей не только партнёр – он и визажи́ст*, и парикмахер, и стили́ст* «в одном флако́не*». Все конкурсные костюмы для себя и партнёрши придумывает сам. Конкурсные причёску и макия́ж* Наташе тоже он делает. И такой те́рмин*, как «причёска или макияж от Мазурина», известен в кругах танцоров. Кроме того Лёша и борщ сва́рит, и уберёт, и с собакой погуляет – нет проблем!

Живёт Лёша вместе с Прониными – так удо́бнее. Они вместе ездят на тренировки, на конкурсы, есть возможность заниматься дома. Но дома они редко бывают – спят да завтракают. «Бальные танцы определя́ют весь ритм* нашей жизни», – говорит Лёша.

А ведь Наташа – пока ещё и ученица. Из-за частых про́пусков возника́ют проблемы со школой, с учителями. Они просто не понимают, как ученика может ещё что-то, кроме учёбы, интересовать! Вы́зовы в школу родителей ничего не дали. Наташина мама, как и дочь, считает, что занятия бальными танцами – намного важнее учёбы. А сама спортсменка совершенно серьёзно говорит: «Да не нужна мне эта школа! Да я учусь так, с го́рем попола́м. Да и уроки я практи́чески* никогда не делаю!» – смеётся Наташа. Но бальные танцы – они такие: не только школьное, но и всё личное время отбира́ют. И понятно, что этого самого времени на любовь у наших танцоров намного меньше, чем у их обычных ровесников.

Наташа: «Было, конечно, влюблялась, но сама понимаешь: занятия меша́ют часто этому. Например, встретиться надо – а у тебя танцы или ещё что-нибудь. Но пока живу, не умерла же!»

4	ко́фта	Jacke
	Batik-Look	
	Ohrenmützen	
5	irritiert	
6	Gang(art)	
12	Gleichaltrige	
13	weiblich	
	ху́денький (*Dim. zu* ху́дой)	mager
14	одина́ковый	gleich
24	отве́тственность, *-и*	Verantwortung
30	вари́ть/с-	kochen
32	удо́бный	bequem, praktisch
35	определя́ть/определи́ть	bestimmen,festlege
36	das Fehlen	
37	возника́ть/возни́кнуть	entstehen
39	Einladung zum Gespräch	
42	mit Ach und Krach	
45	nehmen weg	
48	меша́ть/по- чему	stören; hindern

52 среда́	Milieu; Mittwoch
54 Zusammensein	
происходи́ть/ произойти́ *(nur 3. Pers.)*	geschehen
Niveau, Ebene	
55 кста́ти	übrigens
чуть не	fast, beinahe
56 taub geworden	
сумасше́дший	verrückt
dröhnte	
61 ощуще́ние	Empfinden
64 Kick, Rausch	

Алёша: «Да нет на это просто времени, нет!»

А как с друзьями? Друзья и подруги больше из «танцевальной» среды́, но лучшие подруги у Наташи – нетанцующие. Потому что любой другой танцор(ша) – потенциа́льный* конкуре́нт*. С подругами обще́ние происхо́дит на у́ровне – погулять, поговорить. О музыке, например, ди́сках*. Кста́ти, заходя в квартиру, я просто чу́ть не огло́хла. Какой-то сумасше́дший хард-рок* греме́л на всю квартиру и улицу.

– Наташа, ты как вообще к музыке относишься?

– Да я без неё жить не могу! Слушаю в основном рэйв*, да и Лёша тоже.

– Ребята, а нет у вас ощуще́ния, что вы живёте от победы к победе?

– Мы же не просто хотим побед – мы получаем удовольствие, ка́йф от танцев, да мы уже и привыкли к этому. А иногда подарки хорошие дарят – смеются.

Московский Комсомолец, 09.01.1999, Светлана Доля

Ученики московских школ празднуют 850-летний юбилей города.

Лексика

1. Объясните следующие выражения по-русски:
   а) учиться с горем пополам;
   б) не в смысле «парень и девушка»;
   в) общение происходит на уровне – погулять, поболтать.
2. Назовите однокоренные слова со словом «учёба».

Грамматика

1. Переведите глаголы
   а) придумывать, б) раздумывать, в) передумывать, г) продумывать, д) выдумывать.
2. Назовите совершенный вид этих глаголов.
3. Придумайте предложения с этими глаголами.

Работайте с текстом

1. Наташа и Алёша танцуют в паре с 1995 года. Расскажите о каждом из них до этого времени.
2. Почему Алёша был недоволен новой партнёршей?
3. Их стиль многие стали копировать. Какой у них стиль?
4. Как они проводят свой день?
5. Какие у Наташи проблемы в школе, с друзьями?
6. Какие проблемы видят Наташа и Алёша в любви?

Говорите

Охарактеризуйте Алёшу и Наташу.

P

Так можно сказать о характере

У неё/него очень хороший характер.
У неё/него ужасный характер.
Он/а всё время молчит.
Он/а всегда шутит.
Он/а много разговаривает.
Он/а добрейший человек.
Он/а думает только о себе.
Он/а всегда поможет.

Черты характера

упóрный, целеустремлённый,
неординáрный, честолюби́вый,
хозя́йственный, практи́чный,
дóбрый, талáнтливый, скрóмный,
лени́вый, хорóший,
жизнерáдостный, серьёзный,
весёлый, спокóйный, ýмный

О себе

1. Охарактеризуйте своего друга/подругу.
2. Какие черты характера вам особенно нравятся в человеке?
3. Какие черты характера вам совсем не нравятся?
4. Представьте себе, что вы хотите познакомиться с молодым человеком/девушкой через газету. Как бы вы описали себя?

Игра

Проведите в классе игру: подготовьте карточки с характеристикой всех учеников.
Прочитайте карточки в классе и попробуйте отгадáть (erraten), кто это.

7. Меня спасла любовь!

Перед чтением

– Прочитайте и переведите заглавие текста. Посмотртие на фотографию.
– Как вы думаете, о чём пойдёт речь в тексте?

С 14 лет я гуляла с наркома́нами и стала тоже наркоманкой.

Сначала мы попро́бовали тра́вку, потом дышали клеем, много ворова́ли (например, на база́рах*), я не ночева́ла дома, мне было интересно с ребятами, которые были старше меня.

Коло́лась я недолго, и, наверное, со временем оконча́тельно стала бы наркоманкой, но тут я встретила Его. Мы познакомились на школьной дискотеке. Я сидела и рассказывала ему свою жизнь (в тот вечер я была в нормальном состоя́нии), а он внима́тельно слушал.

Целый месяц я не находила себе места. Поняла, что влюбилась, но кто ж полюбит наркоманку? И вот однажды он пригласил меня в свою компа́нию встречать праздник. Счастливее меня не было на земле человека, когда он сказал, что любит меня. Но поставил условие: никогда больше не притра́гиваться ни к травке, ни к шпри́цам*.

Сейчас мне 17 лет, ему 18. Я закончила школу на отли́чно, ночую дома, и мои родители до сих пор не могут понять, что со мной всё в порядке. Они знают, что меня такой сделал Артём (так зовут того, кто вы́тащил меня из той грязи). Мы счастливы уже 2 года. Я поступила в школу милиции. А ведь наверняка́ я пропа́ла бы, если бы не любовь. Правда, она может всё.

Аргументы и факты, 6/1996, Ростов-на-Дону, Арина, 17 лет

2	Drogenabhängige	
4	про́бовать/по-	versuchen
	тра́вка	*hier:* Haschisch
	Klebstoff	
5	stahlen	
	ночева́ть/пере-	übernachten
7	spritzte	
	оконча́тельный	endgültig
10	состоя́ние	Zustand
	внима́тельный	aufmerksam
14	Freundeskreis	
16	anrühren	
18	отли́чный	ausgezeichnet
21	holte heraus	
22	ganz sicher	
	wäre zugrunde gegangen	

Грамматика

Дополните предложения.

1. Арина стала наркоманкой, потому что …
2. Она часто не ночевала дома, так как …
3. Она познакомилась с Артёмом, когда …
4. Артём сказал, что …
5. Он пригласил Арину в свою компанию, чтобы …

Работайте с текстом

1. Почему Арина принимала наркотики?
2. Как изменилась жизнь Арины после встречи с Артёмом?
3. Что делает Арина сейчас?
4. Арина говорит, что любовь может всё? Объясните, почему.

Письменное задание

Представьте себе – Арина ведёт дневник. Напишите от первого лица впечатления Арины от её первой встречи с Артёмом.

1. Расскажите о проблемах наркомании в вашей стране.
2. Назовите некоторые причины наркомании.
3. Объясните следующие выражения по-русски:
   а) Любовь не картошка – не вы́бросишь в окошко.
   б) Любви все возрасты поко́рны.
   в) Любовь начинается с глаз.

Говорите

Р Поговорим о любви

Он влюбился в неё с первого взгляда.
Bei ihm war es Liebe auf den ersten Blick.

Мы (ужасно) влюблены друг в друга.
Wir sind (schrecklich) ineinander verliebt.

Он(а) мне (очень) нравится.
Er (sie) gefällt mir (sehr).

Я её (его) обожаю.
Ich vergöttere sie (ihn).

У неё (него) безответная любовь.
Ihre (seine) Liebe ist einseitig.

Так говорят влюблённые друг другу: за́йчик, ла́сточка (Schwälbchen), ла́пушка (Pfötchen), голу́бушка (Täubchen), голу́бчик, мы́шка, сокро́вище (Schatz).

Отношения между людьми

Он очень любит её.
Они любят друг друга.
Я завидую моей подруге.
Борис ненавидит своего соседа.
Мой шеф очень ценит меня.
Я уважаю каждого человека.
Он не хотел терпеть её капризы.
Терпеть его (её) не могу.

И Почему тинэйджеры боятся секса?

	девушки	юноши
Мне это не очень нравится.	20,0	9,3
Мне не хочется столкну́ться (konfrontieren) с проблемой нежела́тельной (unerwünscht) бере́менности (Schwangerschaft).	31,5	17,4
Я не хочу получить СПИД (AIDS).	40,9	30,7
Я не нашёл (не нашла) ещё, с кем бы этим стоило заняться.	13,5	26,0
Мне кажется это неправильным с моральной стороны.	13,7	6,4
Я ещё не чувствую себя готовым к этому.	26,0	3,9
Я не хочу расстра́ивать (Kummer bereiten) своих родителей.	15,9	7,7

Огонёк, январь 1994

1. Прочитайте и переведите ответы анкеты.
2. Какие из проблем похожи на ваши?
3. Какие из ответов не актуальны для тинэйджеров в вашей стране? Объясните, почему.

8. Тополи́ный пух

Pappelflaum

Хит одной из самых известных групп «Иванушки-International»*

На асфальте ме́лом ты рисуешь лето.
Ла́сковое море тро́гаешь ладо́нью,
Воду, воздух, время – маленькую тайну,
То, чего не знаешь, никому не скажешь
И беспе́чной птицей в небо улетаешь.

Тополиный пух, жара́, июль
Ночи такие звёздные.
Ты пойми, что первый поцелу́й –
Это ещё не любовь,
Это лишь такой зако́н
противополо́жностей.
Тополиный пух, жара, июль
Ветер уносит в небо.
Только ты не веришь никому,
Ждёшь ты только снега, снега, снега.

То ладони к небу, а то просто к сердцу.
Где найти бы счастья маленькую две́рцу?
Далеко-далеко па́рус уплывает.
В этой жизни счастья мало, да бывает.

Тополиный пух, жара, июль
Ночи такие тёплые.
Ты пойми, что первый поцелуй -
Это ещё не любовь,
Это лишь такой закон
противоположностей.
Тополиный пух, жара, июль
Ветер уносит в небо.
Только ты не веришь никому,
Ждёшь ты только снега, снега, снега.

Тополиный пух, жара, июль
Ночи такие лу́нные.
А солёный ветер с моря ду́л,
Унося с собою мысли грустные.
Тополиный пух, гроза́,
Белые хло́пья сне́га.
И любовь к тебе пришла
Этим снежным летом, летом.
Любовь

1	мел	Kreide
2	ла́сковый	zärtlich
	тро́гать/тро́нуть	berühren, anfassen
	Handfläche	
5	sorglos	
6	жара́	Hitze
7	Stern-	
8	поцелу́й	Kuss
10	зако́н	Gesetz
11	противополо́жность, *-и*	Gegensatz
17	две́рца (*Dim. zu* дверь, *-и*)	Türchen
18	Segel	
31	Mond-	
32	salzig	
	wehte	
34	Gewitter	
35	Schneeflocken	

Лексика

Найдите в тексте слова, описывающие природу, времена года.

Грамматика

1. От каких существительных образованы следующие прилагательные:
   а) ласковый, б) звёздный, в) лунный, г) грустный, д) снежный?
2. Образуйте прилагательные от следующих существительных:
   а) лето, б) море, в) вода, г) воздух, д) время, е) тайна, ж) птица, з) небо, и) жара, к) июль, л) ночь.

Говорите

А теперь прослушайте песню.

1. К какому направле́нию (Richtung) в музыке вы бы отнесли эту мелодию?
2. Что вам понравилось больше: текст или мелодия?

Работайте в парах

Спросите друг друга:
1. Какую музыку вы любите?
2. Сколько времени вы слушаете музыку в день?
3. Часто ли вы покупаете новые компактдиски любимых групп?
4. Ходите ли вы на рок (поп)-концерты?

C Словарик меломана

хард-рок, хэви-металл, трэш, дэт, хард-энд-хэви, соул, джаз, Битлз, хип-хоп, рэгги, рэп, рэйв, эстрадная музыка, шлягер

9. Новый друг

O Слова со значком ° образованы от уже известных вам слов.

Мы всегда ходим в школу вместе: Маша, Валя, я и Лера. Всегда вчетверо́м. Мы живём в одном доме и нам по пути́. И вместе интереснее. Я захожу́ за Валей. В квартире за́пах кофе. Каждое утро этот запах кофе. Я вдыха́ю его. Как он мне нравится! Валя каждое утро завтракает. Я никогда не завтракаю. И сейчас мне немножко жалко себя. Валина мама каждое утро встаёт и варит мужу кофе, а Вале – какао.

Моя мама никогда не встаёт утром, чтобы сделать завтрак папе или мне. Моя мама – эмансипи́рованная* женщина. Она говорит: «Сами сделаете завтрак, не маленькие». Мне кажется, что моя мама права. Но почему же я каждое утро немножко завидую Вале, хотя её мама не эмансипированная женщина? А вдруг моя мама не любит меня так, как любит Валю её мама?

Маша и Лера ждут нас во дворе. Вчетвером мы идём в школу. И так каждое утро.

Мы учимся в 10-ом классе. Мы чувствуем себя совсем взрослыми. По-настоящему взрослыми. В 5-ом, 6-ом, 7-ом классах наши родственники и знакомые всегда говорили нам при встрече одно́ и то́ же: «Ой! Как же ты вы́росла°!» А теперь они больше этого не говорят. Значит, мы выросли оконча́тельно, и они больше не действуют нам на нервы своим «ой! как же ты выросла!» Но это физиология. А в душе́ у нас тоже произошли бо-о-ольшие изменения. В душе у нас теперь всё время радость: я – взрослая, я – молодая! И мне только 16 лет. Я буду молодой ещё 10, 15, 20 лет. Это же целая ве́чность! Ты ещё мало что пережил°, но ты уже знаешь, что вот скоро что-то будет. Может быть, уже в этом году? Может быть, уже завтра?

Мы идём в школу. По пути находится ещё одна школа. И вот, каждый день, когда мы проходим мимо неё, там стоит один мальчик. Он стоит на другой стороне улицы и смотрит на нас. Вначале мы не обращали на него внимания. Ма́ло ли кто́ на улице стоит. Идём,

2 zu viert
по пути́ — derselbe Weg
3 hole ab
за́пах — Geruch, Duft
4 atme ein
17 wirklich
19 dasselbe
20 оконча́тельный — endgültig
22 душа́ — Seele
25 Ewigkeit
31 wer weiß wer

38	издалека́	von weitem
42	stumm	
44	Eisstadion	
50	Verehrer	
58	(Sitz)Bank	
59	боти́нок (*Pl.* ботинки)	Schuh
60	frech	
61	binde	
62	течь	fließen, strömen
65	so tut als ob	
66	зо́нтик	Regenschirm
	drangsaliert	
69	трус	Feigling
71	Wut	
	вытира́ть/вы́тереть	abwischen

разговариваем. Так проходит неделя, ещё одна. Но он стоит каждое утро.

– Ой, девочки, этот тип опять стоит, – говорит Валя.

– Он, наверное, влюбился в кого-то из нас.

– Как интересно, в кого же? А он симпатичный, правда?

– Очень даже ничего, – соглашаемся мы.

Теперь мы каждое утро ждём: стоит или не стоит? Издалека́ мы уже видим, что стоит. Он теперь, когда увидит нас, перехо́дит° на нашу сторону. Мы прохо́дим° мимо него мо́лча° и гордо.

– Мальчик ничего, – говорит Маша.

– Да, а вдруг он немой? – говорю я.

– Наверное, он очень несмелый, – говорит Лера.

Так проходит несколько недель. Однажды мы пошли на като́к. Каток – под открытым небом, на стадионе. Мы были опять вчетвером. И вдруг мы увидели нашего фа́на*. Он кати́лся° за нами.

Когда я была одна, он подкатился° ко мне и взял меня за руку. Мы стали кататься вместе, держась° за руки. Я была очень счастлива.

Значит, это он из-за меня стоял столько недель. Мой молчаливый почита́тель. Какой он скромный, какой романтичный!

– Тебя как зовут? – спрашиваю я.

– Денис. А тебя?

– Жанна.

– Ты часто на каток ходишь?

– Иногда.

– Теперь будем вместе ходить. Хорошо?

– Давай.

Потом мы с ним пошли в кафе. Я села на ла́вочку, чтобы перешнурова́ть* боти́нки. В это время в кафе вошла группа каких-то типов. Они громко кричали и вообще вели себя на́гло. Я завя́зываю шнурки́* и вдруг чувствую, что на голову мне что-то течёт. Это один из этих типов держит банку лимонада над моей головой и кричит: «Дождь пошёл!»

Я ищу глазами своего нового друга. Он стоит недалеко от меня, но де́лает ви́д, что меня не знает.

– Зо́нтик не надо? – издева́ется надо мной хулига́н*.

– Перестань, чего тебе от меня надо?

Я ещё надеюсь, что мой новый друг подойдёт° и поможет мне. Но он уже медленно идёт к выходу. «Да, вот это друг! Тру́с он, а не скромный и не романтичный. Вот он кто, трус, трус, трус!» – думаю я со зло́стью и вытира́ю рукой лимонад с лица.

На другое утро девчонки спрашивают меня:

– Значит, у тебя теперь новый друг? Мы видели, как вы вместе катались.

– Какой там друг? Просто покатались вместе.

– Сейчас опять будет стоять и ждать тебя.

– Не знаю, – тихо отвечаю я.

Но сегодня никто не стоит по дороге в школу.

Полина Роскошная

Переведите

Переведите со словарём словосочетания со словом «путь».

а) по пути́
б) на пути́
в) в пути́
г) в путь
д) В до́брый путь!
е) Счастли́вого пути́!
ж) Наши пути разошлись.
з) идти своим путём
и) сойти́ с пра́вильного пути́ *(übertr.)*
к) проводи́ть в после́дний путь

Работайте с текстом

1. Опишите настроение девочки, когда она у Вали. Объясните её настроение.
2. Передайте своими словами, как чувствуют себя шестнадцатилетние. Согласны ли вы с такой интерпретацией?
3. Как познакомилась девочка со своим новым другом?
4. Что произошло на катке?

Говорите

1. Охарактеризуйте Дениса.
2. Можете ли вы понять его поведение? Аргументируйте ваше мнение.

Следующий шаг

Придумайте другой конец рассказа.
Начните так: На другой день Денис опять стоял и ждал меня…

О себе

1. Расскажите, есть ли у вас друг/подруга?
2. Какую роль играет дружба в вашей жизни?
3. Что вам нравится или не нравится в вашем друге/вашей подруге?
4. Если вам кто-то понравится, знакомитесь ли вы первым/-ой или ждёте, чтобы с вами познакомились?

Работайте в парах

Разыграйте сценку знакомства. Употребите выражения в рамке.

P Знакомство

Я хотел (-а) бы с тобой (вами) познакомиться.
Мне хотелось бы с тобой (вами) познакомиться.
Давай(те) познакомимся.
Давай(те) знакомиться.
Меня зовут…
Познакомься (-тесь) с моим другом/подругой!
Знакомьтесь!
Это Наташа, с которой ты (вы) хотел (-а,-и) познакомиться.

2 Просто жить дальше

Посмотрите на фотографии, сделанные в городах и деревнях России. Опишите, что вы видите на них. Что вы знаете ещё о жизни россиян, об экономической ситуации в стране?

1. Новогодние фантазии

Самый любимый праздник в России – Новый год. Дед Мороз и снегурочка с детства знакомы всем.

Новый год – это всегда ожида́ние чу́да. Мы решили дать людям возможность немного пофантази́ровать. Наш корреспондент провёл небольшой уличный опрос: «Как Вы представляете себе идеальную встречу Нового года и какой подарок Вам больше всего хотелось бы получить в эту ночь?»*

Елена, 23 года, менеджер:
Хотелось бы провести этот вечер с любимым человеком. Чтобы было как меньше шу́ма, как можно меньше телевизора. Что этому меша́ет? Да нет его, любимого человека, вот в чём беда́. Встретить бы его 31-ого декабря – это был бы подарок.

Григорий, 35 лет, врач:
Конечно, всей семьёй, но только не в городе, а где-нибудь в лесной избу́шке. Чтобы была настоящая жива́я ёлка. И главное – чтобы были настоящие чудеса в эту ночь.
Лучший подарок? Чтобы вы́здоровела мать и никогда больше не болела.

Галина Леонидовна, работник метро:
Идеально – это чтобы все дети рядом были в этот момент. Сын бы из армии приехал в отпуск. Прямо перед Новым годом – вот это был бы подарок!

Захар, 18 лет, студент:
Да, никак. Я вообще не понимаю, что это за праздник и чему тут можно радоваться. Люди стареют на один год и по этому по́воду устраивают себе весе́лье! Бре́д какой-то. Да это было бы су́пер*: приходит Дед Мороз и говорит, что я сдал все экзамены!

Полина, 21 год, вре́менно не работает:
Вы хотите, чтобы я пофантазировала? Ну что же... Идеально – это чтобы на яхте в весёлой компа́нии. Чтобы было солнце и па́льмы* вокруг. Ах да, это ж Новый год! Ну тогда на Северном по́люсе, только чтобы условия были хорошие, удо́бные: тёплый дом и так далее. И чтобы пингви́ны* гуляли рядом. Как это – нет пингвинов? Только на Южном? Ну тогда, значит, на Южном надо встречать. Подарок? Да чтобы тепло стало! И чтобы пингвины везде жили, а не только на Южном полюсе!

Олег Александрович, инжене́р-связи́ст, 34 года:
Хотелось, чтобы к Новому году всем выплатили заде́ржанную зарплату – рабочим, шахтёрам, и всем другим. И чтобы они больше никогда не бастова́ли.

Аргументы и факты, 52/1997, Дмитрий Писаренко

2	ожида́ние	Erwartung
	чу́до (*Pl.* чудеса́)	Wunder
14	шум	Lärm, Krach
15	меша́ть/по- чему	stören
	беда́ (*Pl.* бе́ды, бед)	Unglück; Not
19	избу́шка (*Dim. zu* изба́, *Pl.* и́збы)	Hütte; Bauernhaus
	живо́й	lebendig; *hier:* echt
21	выздора́вливать/вы́здороветь	gesund werden
29	по́вод	Anlass, Vorwand
30	*hier:* Fete	
	Wahnsinn	
32	zurzeit	
34	Freundeskreis	
35	по́люс	Pol
36	удо́бный	bequem
41	Fernmeldetechniker	
42	заде́рживать/задержа́ть	zurückhalten
43	Bergmann	
44	бастова́ть	streiken

Лексика

Выпишите из текста все слова и словосочетания к теме «мечты» и дополните таблицу.

существительные	*прилагательные*	*глаголы*
ожидание чуда		ожидать чуда
фантазия	фантастический	фантазировать
идеал	идеальный	

Грамматика

Представьте себе, что все желания этих людей сбылись.
Расскажите, что было бы.
Начните так: Елена проводит Новый год с любимым человеком.

Работайте с текстом

1. Расскажите, о чём мечтают люди в новогодний вечер.
2. Что можно сказать о повседневной жизни Елены, Григория, Галины Леонидовны и Захара?
3. О каких проблемах говорит Олег Александрович?
4. Сравните ваши мечты с мечтами людей из опроса.

Говорите

1. В чём вы могли бы согласиться с Захаром, а в чём нет?
2. Расскажите о новогодних традициях в вашей стране.

О себе

1. Как вы празднуете Новый год?
2. Как вы себе представляете идеальную встречу Нового года?
3. Какие подарки вам хотелось бы получить в Новом году? Сравните ваши подарки с подарками, о которых мечтают люди в России.
4. Представьте себе новогодний вечер. Ваши мечты могли бы исполниться.
   О чём вы мечтаете?

2. Солдат Иван и День Победы

Перед чтением

– Расскажите, как ваш дедушка или другой знакомый вам пожилой человек проводит праздники.
– Посмотрите на фотографию. О чём, по вашему мнению, пойдёт речь в следующем тексте?

Слова со значком ° образованы от уже известных вам слов.

1 gewidmet

3 оте́чественный — vaterländisch
грудь, *-и́* — Brust

9 ausladen
успева́ть/успе́ть — etw.schaffen
10 treibt
12 Knistern
Geldscheine

В тот час, когда в Москве начался военный парад, посвящённый Дню Победы, в мою дверь позвонил человек в старом солдатском ки́теле* с орденом Оте́чественной войны на груди́. «Картошка нужна?» – спросил он. 72-летний Иван Семёнов из Чувашии не в первый раз привёз картошку в Казань. Но чтобы 9 Мая!

Приехал Иван Семёнович с сыном не на машине. Привезли они мешки на поезде и, возможно, не поехали бы в такую даль°, а сошли́° бы раньше, например, в городе Зеленодольске, но там поезд стоит всего одну минуту и вы́грузить мешки не успе́ешь.

Ясно, что го́нит старого солдата в праздничный° день из дому, – деньги нужны. В деревне Старые Щелканы, как и во многих других, шурша́нье купю́р слышится редко. Хорошо, что у пенсионера

Фешенéбельные магазины для новых русских. Несколько рублей на хлеб – для старых.*

Семёнова, чуть ли не сорок лет пáсшего табýн, пятьдесят сóток земли и сѝлы ещё есть. Правда, жáлуется Иван Семёнович, раньше сто килограммов поднимал, а сейчас – не больше пятидесяти.

В 1943 году 17-летний колхозный° кóнюх Иван ушёл на войну и, став связѝстом в артиллерѝйском* полкý, дотянýл свой прóвод до Будапешта. Закончил войну, как и начал, рядовы́м, потому что в школу сержáнтов* его с пятью классами не взяли. Не помогло даже знание трёх языков – чувашского, татарского и русского.

Конечно, солдат Иван не пренебрёг Днём Победы. Сказал, что вернётся домой и вечером отмéтит его как полóжено. Тем бóлее к 9 Мая получил в подарок письмо от Éльцина, рубашку и полотéнце. Да и торговля картошкой шла быстро. Покупатели поздравляли старика, а подошедшие афгáнцы достáли бутылку водки и налили ему в стакан: «Выпей, отец, твой праздник!»

Известия, 12.05.1999, Казань, Юлия Ларина

13	hütete	
	Herde	
	Ar (100 qm)	
14	сѝла	Kraft
	жáловаться/по- на что	sich beklagen
16	Pferdehirt	
17	Fernmeldesoldat	
	Regiment	
	legte Leitungen	
18	einfacher Soldat	
21	überging	
22	отмечáть/отмéтить	feiern; hervorheben
	wie es sich gehört	
	тем бóлее	umso mehr als
23	Борѝс Ельцин – президент России (1991-2000 гг.)	
	полотéнце	Handtuch
25	Veteran des Afghanistankrieges	
	доставáть/достáть	holen, beschaffen

Работайте с текстом

1. Что вы узнали из текста о Иване Семёнове?
2. Почему автор статьи удивлён, что Иван Семёнов привёз картошку 9-ого мая?
3. Когда Иван хочет отметить День Победы?
4. Какие подарки он получил в этот день?
5. Кто поздравил его с праздником Победы?

Следующий шаг

1. Найдите в большом атласе все географические названия из текста и расскажите о них.
2. Составьте по тексту биографию Ивана Семёнова.
3. Расскажите, что вы знаете о жизни вашего дедушки или другого пенсионера.
4. Сравните условия жизни немецкого и русского пенсионеров.

Работайте в парах

1. Журналистка написала этот текст после интервью с Иваном Семёновым. Составьте вопросы и ответы для этого интервью. Разыграйте интервью в классе.
2. Представьте себе, Иван Семёнов вернулся домой и рассказал жене об этом дне. Разыграйте их разговор.

Мнения, дискуссии

1. Ивана Семёнова и его поколение обманули.
2. Иван Семёнов может быть доволен своей жизнью.

Р Выразить своё мнение

Я считаю, что…
Я думаю, что…
По-моему…
На мой взгляд…
Мне кажется, что…
Я уверен(-а), что…
Предположим, что…
Допустим, что…
У меня нет своего мнения по этому вопросу, так как…

И Война в Афганистане

В декабре 1979 года советские войска вошли в Афганистан. В этой войне погибло более 15 тысяч советских солдат. 35 тысяч были ранены, более 300 пропали без вести или попали в плен. У афганского народа погибло около 1 миллиона человек. Академик А.Д. Сахаров выступил против этой войны. Он требовал вывода советских войск из Афганистана и решения этой проблемы в ООН. За это Сахаров был выслан из Москвы в Горький. Война в Афганистане закончилась в 1989 году.

3. Как мы живём без денег

– С ума сошла! Я же не успеваю деньги печатать!

О. Гуцол, г. Киев

Перед чтением

– Опишите карикатуру.
– Прочитайте заглавие текста.
– Как, по-вашему мнению, русские живут без денег?

Как мы получаем зарплату

Некоторые предприя́тия открывают маленькие магазины, где можно получить зарплату продуктами. Чаще всего предприятия покупают эти продукты на опто́вом ры́нке, повыша́ют цены на 20-30% и выдают своим сотрудникам – тем, у кого нет выбора.

2 предприя́тие — Betrieb, Unternehmen
4 Großhandel
повыша́ть/повы́сить — erhöhen

Зарплату иногда можно получить продукцией родно́го предприятия. Или тем, что удаётся вы́менять на неё по ба́ртеру. 39-летняя Катя работает на мебельной фабрике в одном из маленьких городов Башкирии. Последний раз зарплату ей выдали говя́диной. Так колхоз расплати́лся за металли́ческие* та́зики, из которых удобно кормить теля́т. А тазики фабрика купила на деньги от продажи одного гарниту́ра*.

В Курской области Пенсио́нный* фонд* даже взно́сы принимает нату́рой. И тем, кто согласен, выдают пенсию сахаром или зерно́м.

Иногда зарплату надо зарабатывать ещё раз – продавать то, чем заплатило предприятие. На суко́нном комбинате в Тамбовской области труд уже пять лет оплачивается пря́жей. Однако вы́годнее продавать готовые носки́. Арбу́зы (так получают зарплату в волгоградском Заволжье) пускают на самого́н. Милиция торгаше́й, как правило, гоня́ет. Спра́вки, что так выдали заработанное, не помогают. Товар нередко конфиску́ют*, несмотря на то, что это со́бственно та же зарплата.

Как мы обманываем государство

Можно заста́вить государство платить вместо зарплаты деньги по больни́чным: их оплачивают не предприятия, а соцстра́х. «Народ у нас хи́трый, – говорит председа́тель фонда Ю. Косарев. – Болеют иногда цеха́ми. Договориться с врачом нетрудно – ему тоже не платят».

Жить можно и на посо́бие по безрабо́тице. Особенно если до того неплохо зарабатывал: первые три месяца пособие составляет 75% предыду́щей зарплаты.

Как мы едим

В Башкирии в магазинах и даже на колхозном рынке продукты дают в до́лг. У всех продавцо́в тетрадочки, кому и какого числа на сколько рублей выдано яиц, тво́рога, са́ла.

В подмоско́вной Балашихе к концу рабочего дня на рынках отдают или продают дёшево то, что всё-равно выбрасывать, – мясные обре́зки, подгни́вшие овощи и фрукты.

Зато почти у всех россиян, от дво́рника до профессора, картошка своя! «Власть придумала оригинальный выход – дать людям уча́стки, – написал нам Н. Галянтин из Волгограда. – В свои зако́нные выходные дни простым людям надо теперь работать для того, чтобы прокормить себя и свою семью».

«Огороды есть у всех, – пишут сельские медицинские работники и учителя из Свердловской области. – Но не у всех есть сахар, чтобы свари́ть варе́нье. У́ксус, расти́тельное ма́сло для консерви́рования* стоят денег. Можно продать что-нибудь на рынке, но до него надо доехать, а это тоже стоит».

Как мы готовим

Елена из Москвы знает, как из одной котлеты сделать 10 зра́з. Готовится картофельное пюре. Из него делаются пирожки. Начи́нка любая – морко́вь, лук, яйца, грибы. В каждую зразу добавля́ем маленький кусочек котлеты.

Хороший суп получается из крапи́вы. Салат – из одува́нчиков.

Пенсионер из Кемерова сточи́л дома все ложки – чтобы «ели поменьше».

Как мы платим за квартиру и прое́зд

А никак. Кроме телефона. В отли́чие от электричества, его могут просто «отре́зать». Иногда власти проявля́ют внимание: по справке

6	родно́й	eigen, verwandt
7	удава́ться/уда́ться	gelingen
	eintauschen	
	Tauschhandel	
9	Rindfleisch	
10	rechnete ab	
	Schüsselchen	
11	Kälber	
13	Beiträge	
14	Ware	
	Getreide	
16	Tuch-	
17	Garn	
	вы́годный	günstig
18	носо́к (*Pl.* носки́)	Socke(n)
	Wassermelonen	
19	selbstgebrannter Schnaps	
	Händler *(abwert.)*	
20	vertreibt, verjagt	
	спра́вка	Schein, Nachweis
22	со́бственно	eigentlich
24	заставля́ть/заста́вить	zwingen
25	ärztl. Attest	
	Sozialversicherung	
26	хи́трый	schlau
	Vorsitzender	
27	цех	Abteilung
29	Arbeitslosengeld	
31	предыду́щий	vorig, vorhergehend
34	долг	Schuld, Kredit; Pflicht
	продаве́ц	Verkäufer
35	Quark	
	Speck	
36	nahe Moskau	
38	Reste	
	angefault	
39	Straßenkehrer	
41	Grundstück	
	зако́нный	gesetzlich
46	вари́ть/с-	kochen
	варе́нье	Konfitüre
	Essig	
	Pflanzenöl	
50	Klops	
51	Füllung	
52	морко́вь, -*и*	Möhre
	добавля́ть/доба́вить	hinzufügen
54	Brennnessel	
	Löwenzahn	
55	schliff ab	
57	прое́зд	Fahrt
58	отли́чие	Unterschied
59	ре́зать/от-	schneiden
	zeigen	

60	Schuldner	
61	освобожда́ть/освободи́ть	befreien
	(Geld)Buße	
63	вы́боры	Wahlen
	durchgestanzt	
	aufweichen	
64	гла́дить/про-	bügeln
	Bügeleisen	
66	меня́ться/по-	tauschen
71	Interessenten	
74	Giftschlangen	
	züchtet	
	Hamster	
75	мышь, *-и*	Maus
77	Abfall-	
80	сдава́ть/сдать	abgeben
	кровь, *-и*	Blut

о том, что предприятие задерживает зарплату, квартирных должнико́в освобожда́ют от пе́ней.

В Самаре разрешали не платить за городской транспорт (правда, только на время вы́боров). Ещё можно проби́тый билет отпа́рить дома над чайником и прогла́дить утюго́м.

Последние надежды

У многих «левая» и «правая» работы давно поменя́лись местами. В Арзамасе артисты городского оперного театра поют в церковном хоре.

В Челябинске одна женщина, съездив за границу, открыла консультацию «Как выехать за границу и как там себя вести». Жела́ющих было очень много.

Самое милое дело, если там, где вы живёте, есть «новые русские». В Самаре с недавнего времени пошла мода на пито́нов* и ядови́тых змей. Ольга зарабатывает тем, что выра́щивает хомяко́в и мыше́й. На корм. Питона надо кормить раз в неделю на 150 рублей. Это 7-10 хомяков.

На Волге стал популярным «помо́ечный бизнес». Старики выбирают из мусорных контейнеров вещи, реставрируют и продают их дёшево.

Пол-России сдаёт кро́вь за деньги и за бесплатный обед. Государство покупает своих граждан по частям: 400 г. крови (примерно столько сдаёшь за раз) в Москве – 120 рублей. В регионах дешевле. Иногда в Казани, например, эти деньги приходится ждать недели три.

Аргументы и факты, 1998, Вероника Сивкова

Лексика

1. Выпишите из текста все слова и словосочетания к теме «деньги».
2. Выпишите из текста прилагательные, которые образованы от существительных. Например: родной – род; летний – лето.
3. Выпишите из текста все обозначения времени (вместе с глаголом). Например: иногда выдают зарплату; последний раз зарплату выдали.

Грамматика

Расскажите первый абзац текста в прошедшем времени.

Работайте с текстом

1. Как платят зарплату некоторые предприятия?
2. Почему говорят, что в России народ хитрый?
3. Какой «оригинальный» выход придумала власть, чтобы у людей была картошка?
4. Как россияне помогают себе выжить?

Следующий шаг

1. Сформулируйте к каждой части текста ключевое выражение.
2. Передайте содержание каждой части одним предложением, употребляя ключевое выражение.

4. Самый лучший подарок

Перед прослушиванием

– Охотно ли вы помогаете друзьям, соседям, прохожим на улице?
– Расскажите о таких случаях.

Грамматика

1. Переведите однокоренные слова
   а) уносить, б) выносить, в) приносить, г) относить, д) заносить.
2. Переведите глаголы. Обратите внимание на значение приставок.
   а) уйти, б) прийти, в) выйти, г) найти, д) отойти, е) зайти, ж) войти.
3. Переформулируйте прямую речь в косвенную.
   а) Катя: Миша, пожалуйста, возьми Сашеньку. Часика на два.
   б) Михаил: Ой, не могу. Мне сегодня ещё надо подарок жене купить.
   в) Катя: Мне надо срочно уйти.
   г) Михаил: Но чтобы через час ты была здесь.
   д) Катя: Договорились.

Эти слова помогут вам понять текст:

ду́мать вслух laut vor sich hindenken – духи́ (*Gen. Pl.* духо́в) Parfüm – про́сьба Bitte – не беспоко́йся! mach dir keine Sorgen! – го́лыми рука́ми mit bloßen Händen – па́рень Bursche – реме́нь Gurt – ребёнок Kind – жа́лостливый kläglich – сумасше́дший verrückt – пла́кать weinen – по-мужски wie ein Mann – ла́ять bellen – помо́щник Helfer – челове́чество Menschheit – спаси́тель Retter – беда́ Unglück

Работайте с текстом

1. Какая у Михаила проблема?
2. Какой сюрприз решил сделать своей жене друг Михаила Костя?
3. С какой просьбой пришла соседка Катя?
4. С какой просьбой пришел сосед Иван Сергеевич?
5. Что случилось потом?
6. Как Михаил провёл вечер этого дня?
7. Запишите, а потом прочитайте текст по ролям.
8. Разыграйте сценку в классе.

5. Деревня голосует делом

В 20-25 км от Пензы, в зоне Сурского водохрани́лища, построенного в конце 70-х, после затопле́ния сохранилось несколько деревень.

В одну из них – в Казеевку – Пётр Орлов переехал в 1992 году. Его жена Екатерина (она родилась и выросла в этой деревне) ждала тогда второго ребёнка и сразу поехать за мужем не смогла – пришло́сь остаться в их однокомнатной квартире в городе. Пётр, строя свой новый дом, целый год ночева́л в коте́льной – в спальном мешке.

Теперь семья Орловых (Пётр Николаевич, Екатерина Александровна, семиклассник Николай и первоклассник Александр) живёт в чистой и просто́рной избе, где ещё и под кры́шей три комнаты. Пётр Орлов – не коренно́й житель на пензенской земле, родился в Оренбуржье, в селе Русское Канчерово. И рассказывает, что его родители были там богатыми людьми – по деревенским масштабам, конечно. А сам он ещё до слу́жбы в армии (служи́ть пришлось офицером уже после института) стал директором завода. После

Некоторые жители города решают стать фермерами.

1	Stausee	
2	Überflutung	
6	приходи́ться/ прийти́сь (*nur 3. Pers.*)	gezwungen sein
7	ночева́ть	übernachten
	Kesselhaus	
11	geräumig	
	кры́ша	Dach
12	alteingesessen	
15	слу́жба	Dienst
	служи́ть/от-	dienen

18	край (*Pl.* края́)	Gebiet
19	зако́н	Gesetz
20	ви́дный	sichtbar
	свиде́тельство	Zeugnis, Urkunde
	со́бственность, *-и*	Eigentum
21	umsonst	
	раздава́ть/разда́ть	verteilen
23	Viehzucht	
24	Ackerbau	
	gleichzeitig	
25	Kuhkälber	
	Jungbulle	
	Ferkel	
	у́тка	Ente
	Kaninchen	
26	verpfänden	
27	würde pflügen	
29	возвраща́ть/возврати́ть	zurückgeben
31	Pfand	
32	Milchertrag	
33	составля́ть/соста́вить	betragen
34	Rindfleisch	
35	Schweinefleisch	
37	züchten	
38	Mist	
	graben	
	Schlachter	
41	Ernährungs-	
	landw. Großbetrieb	
44	испо́льзовать	benutzen
45	жале́ть/по-	bedauern
46	руководи́ть	leiten
	Schutz	
47	отде́л	Abteilung
48	предложе́ние	Vorschlag
49	отка́зываться/отказа́ться	ablehnen
53	помеще́ние	Raum
54	Verdienst	
56	мёрзнуть	frieren
64	Töpfe	
	стуча́ть/по-	klopfen
	Faulenzer	
65	устра́ивать/устро́ить	organisieren
67	eingemachte	
68	Quark	
	eingefroren	

демобилиза́ции* в 1983 г. Пётр переехал в Пензу, хотя и мечтает в будущем вернуться в родные края́: – Там свободнее! Только бы вышел наконец зако́н о земле! В любом фермерском доме на самом ви́дном месте должно висеть свиде́тельство о со́бственности на землю! Но да́ром землю нельзя раздава́ть.

Он считает, что чем-то одним крестьянину в сегодняшней России заниматься бессмысленно – заниматься надо и животново́дством, и земледе́лием одновреме́нно. Поэтому в хозяйстве Орловых три коровы, две тёлки, бычо́к, порося́та, гуси, у́тки, куры, кро́лики. И 8 гекта́р* земли, только без права продать или заложи́ть её в банке.

Ещё он хотел купить трактор. И нынешней весной уже паха́л бы на собственной «железной лошади». Но один из знакомых, взявший в долг у Петра большую сумму, денег не возвраща́ет.

– В собственности на землю всё дело. Кредит без реального зало́га, – объясняет Пётр, – не даёт ни один банк. А я хотел бы иметь в собственности 30 га – больше мне не обработать. Надо́й от одной фермерской коровы составля́ет 4-4,5 тыс. литров в год – в два-три раза больше, чем в пензенских колхозах. 400-600 кг говя́дины, 1,5 тонны свини́ны, 7-8 тонн молока – такова годовая продукция хозяйства Орловых. Молоко и мясо продают. К 8 марта выра́щивают тюльпа́ны*. Но стоять на базаре Пётр не любит:

– Лучше в наво́зе буду копа́ться. Тем более что на рынке ру́бщику дай, и тому дай, и третьему.

Пётр в 1979 г. окончил Куйбышевский железнодорожный институт, Екатерина чуть позже – Московский пищево́й. В совхо́зе «Вязовский», который был в Казеевке до самого последнего времени, ни он, ни она никогда не работали, а дом в деревне хотели испо́льзовать как дачу. Но им понравилось и они ничуть теперь не жале́ют, что, бросив свои рабочие места (Пётр до переезда в Казеевку руководи́л Пензенским комите́том* охра́ны природы, Екатерина – технологическим отде́лом на хлебозаводе), взялись за сельское хозяйство. Уже живя здесь, Пётр получил предложе́ние стать директором молокозавода – отказа́лся.

В Казеевке, где около ста дворов, только начальная школа-трёхлетка: средняя – в Алферьевке, что на 3,5 км ближе к Пензе, и детей туда возят на автобусе. Школьный автобус, медицинский пункт и телефон в помеще́нии сельской администрации, асфальтированная дорога до Пензы, говорят Орловы, – заслу́га нового губернатора области Василия Кузьмича Бочкарёва.

Два первых года сыновья в деревенской избе жестоко мёрзли – даже спать ложились в пальто. Сегодня мальчики к деревенской жизни привыкли и, не боясь самой грязной работы, помогают взрослым. Летом они вместе с родителями встают в три утра и завтракают в девять – шесть часов работают без еды.

И Пётр и Екатерина уважают принципы рыночной экономики:

– Не представляем, как можно остаться голодным в деревне.

Работать надо, и будет всё. А ездить в Пензу, чтобы там у памятника Ленину пустыми кастрю́лями стуча́ть, могут только ло́дыри. Получив возможность самим устра́ивать свою жизнь, мы очень не хотим возвращения к старым порядкам. Екатерина продемонстрировала мне свой полный холодильник. Там и мочёные яблоки, и домашний тво́рог, и грибы, и заморо́женные ягоды. И угостила своей сметаной. Ничего вкуснее я в жизни своей не пробовал.

– В нашей стране ничего не получается из-за того, что много людей работает без удовольствия, – говорит Пётр. – Деньги же просто лежат под ногами – были бы здоровье и желание их подня́ть. Мы учимся считать: что вы́годно, а что нет. Необходи́м, конечно, и госуда́рственный зака́з – нужно сдавать государству мясо, хлеб, овощи. С престу́пностью только надо покончить, доби́ться стабилизации рубля и дать тем, кто хочет работать, право на землю.

Русская мысль, 25.04.1999, Виктор Кузнецов

72 поднима́ть/подня́ть	auf-, hochheben
73 вы́годный	nützlich
необходи́мый	unumgänglich
74 Staatsauftrag	
75 престу́пность, -и	Kriminalität
добива́ться/доби́ться чего	erreichen

Деревня в Архангельской области. Многие уехали в город. Остались одни старые люди, как эта бабушка.

Лексика

Объясните по-русски:
а) однокомнатная квартира, б) семиклассник Николай, в) первоклассник Александр, г) хлебозавод, д) молокозавод, е) начальная школа-трёхлетка.

Грамматика

1. Найдите в тексте предложения с нижестоящими причастиями и замените причастия другими грамматическими конструкциями. а) построенного, б) строя, в) взявший, г) бросив, д) живя, е) получив.
2. Напишите все цифры из текста словами.

Работайте с текстом

1. Что вы узнали о деревне Казеевка?
2. Расскажите о семье Орловых.
3. Охарактеризуйте Петра Орлова.
4. Расскажите об успехах П. Орлова в его хозяйстве.
5. Расскажите о проблемах семьи Орловых.
6. Назовите пункты, которые важны для успешного ведения хозяйства в деревне России сегодня.

Говорите

Перескажите биографию Петра и Екатерины Орловых от первого лица.

Работайте в парах

Составьте и разыграйте интервью между журналистом и Петром Орловым.

6. В чьих рука́х со́бственность?

– Приватизация прошла отлично: никто про неё не узнал.

В последние годы в России идёт процесс делёжки национального пирога. Тихий облада́тель акции полуживого завода, полученной в обмен на ва́учер, в этом процессе – только статист. Имена настоящих участников событий можно узнать из хроники заказны́х уби́йств и громких разоблаче́ний.*

В стране прошла приватизация. Об этом знают все. Но в чьих руках сейчас собственность?

Каковы́ же реальные результаты приватизации? Попро́буем понять это, начав с начала. Есть приватизация официальная и есть приватизация реальная. Официальная началась в 1992 г. и закончилась в 1994 г. За это время государственные предприя́тия стали частными. Реальная же приватизация началась раньше, и не закончена и сегодня. Она проходила в три этапа. Назовём их так: 1) этап обмена власти на собственность (или «номенклату́рная приватизация»); 2) «революция менеджеров»; 3) война за собственность между банкирами и директорами.

Обмен власти на собственность

Реальная приватизация началась в 1987 г. – намного раньше, чем об этом стали писать газеты. Состояла она в том, что руководство страны создавало альтернативную экономику «для себя». Пробные шаги дове́рено было сделать молодёжи, которая под контролем партийных органов создала «комсомольскую экономику». Эксперимент уда́лся, и тогда пошёл основно́й процесс: государственные чино́вники приватизи́ровали* то, чем они руководи́ли. Чаще всего это выглядело так: министр шёл на пенсию, замми́нистра становился президентом конце́рна*, нача́льник финансового управле́ния министерства – главным управляющим коммерческого банка.

Государство приватизировало само себя. Кто управлял – стал владе́ть. Государственный чиновник, партийный функционер, комсомольский активист – вот первые типы российских предпринима́телей.

«Революция менеджеров» по-русски

После того как номенклатурная приватизация была закончена, началась приватизация официальная – «ваучеризация» всей страны. Этот процесс каса́лся пре́жде всего́ промышленности. Нашей больной, отста́лой, по большей части нерентабельной промыш-

	со́бственность, *-и*	Eigentum
1	Aufteilung	
2	Besitzer	
5	Auftragsmord	
	Enthüllung	
8	welcher Art	
	про́бовать/по-	versuchen
11	предприя́тие	Betrieb
14	Führungsschicht in der ehem. Sowjetunion	
21	доверя́ть/дове́рить	anvertrauen
23	удава́ться/уда́ться	gelingen
	основно́й	Haupt-, Grund-
24	чино́вник	Beamter
	руководи́ть чем	leiten; führen
25	stellv. Minister	
26	нача́льник	Chef, Leiter
	управле́ние	*hier:* Finanzverwaltung
29	владе́ть чем	herrschen, be-
30	предпринима́тель	Unternehmer
35	каса́ться/косну́ться чего	berühren; betreffen
	пре́жде всего́	vor allem
	отста́лый	rückständig

ленности. За 1992-1994 гг. на аукционы были выставлены тысячи предприятий. Акционерами стали десятки миллионов россия́н. У кого – одна акция, у кого – две. Юриди́чески* произошло́ распыле́ние собственности. Ваучерная приватизация не создала нового собственника, она сделала предприятия юридически бесхо́зными. Они действительно оказа́лись в руках директора́та*.

Руководство предприятий официально не могло иметь более пяти процентов акций. То есть директора не были полноце́нными собственниками. Но где же настоящие собственники? Они возни́кнут чуть позже – на третьем этапе приватизации.

Настоящие собственники

Уже на этапе «менеджерской революции» среди псе́вдособственников* стал появляться раско́л. Наибо́лее активная их часть предпринима́ла уси́лия закрепить свой фактический контроль юридически, и скупала акции доверенного им предприятия. Эти дальнови́дные менеджеры действовали как легально, так и не очень. Например создавались подставны́е фи́рмы во главе с доверенным лицом или родственником и скупка этими фирмами акций у населе́ния; распространя́лись слу́хи в трудово́м коллективе (о том, что если сейчас акции не продать за предлага́емую цену, то потом не продашь и совсем). Этот процесс называется консолида́цией*. Умные менеджеры начали консолидацию акций практически сразу после приватизационного аукциона. Медли́тельные думали, что никуда их предприятие от них не уйдет.

Так в России образова́лась одна группа крупных собственников – это директора промышленных предприятий, сумевшие консолидировать акции. Затем они, установи́в про́чный контроль за своими предприятиями, начали скупку акций компаний-сме́жников и постепе́нно становились хозяевами региона. Они создавали свои банки, свои строительные и торго́вые фирмы. И в конце́ концо́в они начали решать и политические вопросы. От их финансовой подде́ржки зависело, кто станет мэ́ром* или губернатором. Даже федеральным органам теперь надо счита́ться с тем, кого поддерживает та или ина́я региональная финансово-промышленная группа. Крупнейшие директора региона, сажа́я своих людей в кресла политиков, образовали промышленно-политические группы, или региональную олига́рхию*.

Процесс с другим ве́ктором* происходи́л в Москве. Подобно тому, как в регионе консолиди́ровался* промышленный капитал, так в Москве шла концентрация капитала финансового. Скоро стало ясно, что крупнейшие банки страны не могут развива́ться дальше, не выходя за преде́лы столицы. В по́исках новых при́былей московский банковый капитал начал свою экспа́нсию* в регионы. Первыми «па́ли» те самые директора, которые не придавали большого значения юридическому оформле́нию своей власти над предприятием. Акции этих предприятий ушли к «вне́шнему инве́стору*». Вскоре стало ясно, что московские банки, скупая всё, что плохо лежит, заняли в некоторых регионах стратегические позиции. В их руках оказались главные налогоплате́льщики региона, и губернаторы стали, практи́чески*, их зало́жниками. Так образовались финансово-политические группы.

С того момента, как в стране появились настоящие крупные собственники, началась война между ними за разде́л сфе́р влия́ния. Главное противостоя́ние сегодня – это противостояние между региональными промышленниками и столичными банкирами. В

38	россия́нин	Bürger der Russischen Föderation
39	происходи́ть/произойти́	geschehen
	Zersplitterung	
41	herrenlos	
42	ока́зываться/оказа́ться	sich erweisen
44	vollwertig	
45	возника́ть/возни́кнуть	entstehen
49	Spaltung	
	наибо́лее	meist (*Superl.*)
50	предпринима́ть/предприня́ть	unternehmen
	уси́лие	Anstrengung
52	weitsichtig	
53	Scheinfirmen	
55	населе́ние	Bevölkerung
	man verbreitete	
	слух	Gerücht
	трудово́й	Arbeits-
56	предлага́ть/предложи́ть	vorschlagen
59	zögernd	
61	образо́вывать/образова́ть	bilden
63	устана́вливать/установи́ть	ein-, errichten
	про́чный	fest, stabil
64	Zulieferer	
	постепе́нно	allmählich
66	торго́вый	Handels-
	в конце́ концо́в	zuallerletzt
67	подде́ржка	Unterstützung
69	счита́ться	Rücksicht nehmen
	ино́й	anderer
71	сажа́ть/посади́ть	setzen
77	развива́ться/разви́ться	sich entwickeln
78	преде́л	Grenze
	Suche	
	Gewinn	
80	fielen	
81	оформле́ние	Regelung
82	вне́шний	äußerer
85	Steuerzahler	
86	Geisel	
89	Verteilung	
	сфе́ра влия́ния	Einflusssphäre
90	Gegensatz	

92 ме́стный	örtlich, lokal
94 означа́ть *(nur 3.Pers.)*	bedeuten
Steuer	
95 защища́ть/-ти́ть	schützen
96 teilweise	
97 stützt sich	
прави́тельственный	Regierungs-

этой войне за собственность ме́стная политическая элита – на стороне директоров. Ведь приход в регион «внешнего инвестора» означа́ет уход нало́гов из областного бюджета в московский. Интересы региональных олигархий в Центре защища́ют прежде всего Совет Федерации и отча́сти Дума. В то же время финансовая олигархия опира́ется на поддержку властей в Москве и прави́тельственных чиновников.

Аргументы и факты, 15/1997, Татьяна Користикова

Опишите карикатуру.
- Какую проблему она иллюстрирует?
- Найдите в тексте места, которые подтверждают ваши высказывания.

Лексика

1. Найдите в тексте слова к теме «экономика».
2. Найдите в тексте все глаголы с предлогами и выпишите их в инфинитиве. Например: начать с чего, ...

Грамматика

1. Образуйте глаголы от следующих существительных:
   а) приватизация, б) финансы, в) инвестор, г) управление, д) владение, е) возникновение.
2. Перескажите первую или вторую часть текста в настоящем времени.

Работайте с текстом

1. Прочитайте заголовок текста ещё раз. Ответьте на вопрос заголовка одним предложением.
2. Просмотрите текст и запишите главную мысль из каждой части текста.
3. Перескажите, как проходил обмен власти на собственность.
4. Как действовали дальновидные менеджеры?
5. Расскажите об экспансии банкового капитала в Москве.
6. Как крупные менеджеры могут влиять на политику?

Следующий шаг

Российская приватизация – этап на пути к демократии. Приведите аргументы за и против.

7. Бизнес-элита: смотрите, кто пришёл!

> Слова со значком ° образованы от уже известных вам слов.

Анекдотов про «новых русских» сегодня немало. Вот один из них: Пойма́л «новый русский» золотую рыбку и спрашивает её: «Чего тебе надо, рыбка?». Кто они – «новые русские»? Откуда взялись, какой образ жизни ведут?

Кто они?

«Новыми русскими» их назвали на Западе. В основно́м это те, кто разбогате́л° недавно, в конце 80-х – начале 90-х годов. Они и сегодня удивляют западную° пу́блику* – деньги тра́тят в таком же коли́честве и с таким же разма́хом, как ара́бские* ше́йхи* и нефтяны́е° короли́. Специа́льно* для них строятся фешене́бельные* курорты, множатся° эли́тные* услу́ги, открываются супердорогие бути́ки*, проводятся аукцио́ны* антиквариа́та* и высокой по цене недви́жимости, где они – основные покупатели.

Но не стоит всех «новых русских» воспринима́ть° как единое° целое. Они делятся на две группы: бизнес-элита – это респекта́бельные*, высокообразо́ванные° бизнесмены, которые, как пра́вило, занима́ют° высокие посты́* в окологосуда́рственных° комме́рческих* структу́рах*. Живут своей работой, трудятся° по 10-12 часов шесть дней в неделю, неравноду́шны к политике, пыта́ются влия́ть на политические процессы в обществе, ведут за́мкнутый образ жизни, ограничивая° круг обще́ния себе подо́бными, серьёзны и совсем не стремя́тся демонстрировать своё богатство°.

Представи́тели° второй группы – это нувори́ши*, предпринима́тели намного менее образованные, ведущие демонстративно роско́шный образ жизни, более скло́нные к авантю́рному* и криминальному бизнесу, который и позволил им, кста́ти, заработать свои «молодые деньги».

Как живут?

Сегодня – лучше, чем вчера. Ещё года два назад свой офис они могли открыть буква́льно° среди помо́ек, в каком-нибудь грязном дворе, на последнем этаже никогда не ремонтированного дома. Единственный° ориенти́р* – железная дверь с домофо́ном°, за которой и находился их маленький кусочек Европы. Такими были рабочие места представителей бизнес-элиты. Или такой пример, но уже из жизни нуворишей: всего несколько лет назад встречались молодые миллионеры, которые могли себе позволить костюм за тысячу долларов, последней марки «Мерседес», но при этом жили в однокомнатной° квартире, единственной ме́белью* в которой была раскладу́шка. Сегодня положение изменилось: богатые люди делают свою жизнь более гармони́чной*. Свои немалые° деньги они стремятся вложи́ть пре́жде всего́ в недвижимость.

Какие у них жёны и дети?

Пре́жде всего́ образование. Представители бизнес-элиты хотят видеть в своих жёнах не только подруг, но и советчиков°, с которыми можно обсуди́ть профессиона́льные° дела. И они это имеют. К примеру, 43,7% жён крупных коммерса́нтов* и банки́ров* учились когда-то в МГУ (Московском Государственном Университете), 18,8% – в МГИМО (Московском Государственном Институте Международных Отношений), около 40% из них имеют экономическое образование. Что каса́ется нуворишей, то они, как правило, «вы́бившись в лю́ди», тут же стремятся смени́ть° старую

2	лови́ть/пойма́ть	fangen
7	в основно́м	hauptsächlich
9	тра́тить/по-	ausgeben
	коли́чество	Menge
10	in dem Ausmaß	
11	коро́ль	König
12	Dienstleistungen	
13	Immobilien	
17	пра́вило	Regel
20	равноду́шный	gleichgültig
	пыта́ться/по-	versuchen
21	влия́ть/по-	beeinflussen
	zurückgezogen	
22	Umgang, Kontakt	
	подо́бный чему́	jdm. ähnlich
23	стреми́ться	streben
24	предпринима́тель	Unternehmer
26	роско́шный	luxuriös
	geneigt	
27	кста́ти	übrigens
31	Müllhaufen	
40	Klappbett	
42	пре́жде всего́	vor allem
	вкла́дывать/вложи́ть	investieren
46	обсужда́ть/обсуди́ть	besprechen
51	каса́ться/косну́ться чего́	betreffen
52	„jemand“ geworden	

На улицах российских городов много контрастов.

жену на новую – чаще всего на манеке́нщицу*. В среде бизнес-элиты 43,9% предпринимателей имеют одного ребёнка, 41,1% двоих, 9,6% троих и более детей. Вы́росшие дети, как правило, закончили или учатся в Финансовой академии при Прави́тельстве России, в МГУ (экономи́ческий* и юриди́ческий* факульте́ты*) или в МГИМО. Эти вузы считаются дающими наиболее серьёзное и перспекти́вное* образование. Ведь 95% взрослых детей пойдут работать в комме́рческие* структу́ры*, сыновья – в независимые компа́нии*, а дочери в фи́рмы* отца.

На чём ездят?
Как правило, на «Вольво», «Линкольнах» и «Мерседесах» – это любимые марки автомобилей бизнес-элиты. Причём далеко не всегда эти машины находятся в ли́чной со́бственности, ча́ще они принадлежат фирмам «новых русских».

Чем интересуются?
На этот вопрос можно ответить, если не брать в рассчёт «новых русских»-трудого́ликов*, для которых работа – образ жизни, своего рода нарко́тик. Ни на что другое времени у них нет. Те, у кого есть свободное время, занимаются спортом – 24%, в основном такими, как футбол, теннис, го́рные° лыжи, плавание, борьбу, волейбол. 7% бизнесменов коллекциони́руют* живопись, видео-фильмы, ору́жие, марки, моне́ты*. Охотой занимаются 6%, любят водить автомобиль на высокой скорости° 5%.

Читают книги тоже 5% бизнесменов, причём чаще всего детективы. Из серьёзных писателей любимые – Достоевский, Толстой, Лермонтов. Почти все представители бизнес-элиты стараются читать перио́дику*, делову́ю° прессу. Среди газет лиди́руют* «Известия», «Аргуме́нты* и фа́кты*», «Коммерса́нтъ* де́йли*». Для продвижения своего бизнеса предприниматели просматривают в сре́днем 10 специальных финансовых, экономических и юридических изда́ний°. Ещё своё свободное время 4% бизнес-элиты предпочитают посвяща́ть аза́ртным* и́грам, в шахматы играют 3%, путешествуют столько же, любят рассла́биться в бане 2%. Отдыхать они чаще всего ездят в Подмосковье, в свой за́городный° дом (10%), на Чёрное море (6%), за границу (5%).

Что ценят и чего хотят?
Что касается нуворишей, то на этот вопрос ответить сложно, так как большинство из них испове́дуют идеалы и стиль мафио́зи*. У бизнес-элиты в си́лу их более высокого образовательного у́ровня уже сформиро́вана* своя система це́нностей. Перечи́слю те человеческие ка́чества, которые особенно це́нятся° в среде бизнес-элиты: че́стность, порядочность°, пунктуа́льность*, интеллиге́нтность*, исполни́тельность, добросо́вестность, профессионали́зм*, ответственность°, эруди́рованность*, обяза́тельность. Эти качества можно сегодня назвать наиболее дефици́тными* в среде русского бизнеса. Представителей бизнес-элиты можно смело причи́слить° к сторо́нникам° консервати́вных* ценностей. Самое большое их желание – чтобы в стране была стаби́льность*.

Аргументы и факты, 5/1996, Тамара Виркунен

55	erwachsene	
56	прави́тельство	Regierung
64	причём	wobei
65	ли́чный	persönlich
	со́бственность, -*и*	Eigentum
	ча́ще	häufiger
68	Betracht	
70	Droge	
73	ору́жие	Waffe(n)
81	в сре́днем	im Schnitt
84	widmen	
85	sich entspannen	
90	bekennen sich zu	
91	в си́лу	infolge
	у́ровень (*Gen.* уровня)	Niveau
92	це́нность, -*и*	Wert
	zähle auf	
93	ка́чество	Qualität
94	че́стность, -*и*	Ehrlichkeit
95	Verlässlichkeit	
	Gewissenhaftigkeit	
96	обяза́тельность, -*и*	Pflichtgefühl

Грамматика

1. Напишите все цифры словами:
   Например: 43,7 % – сорок три и семь десятых процента
2. Найдите в тексте все глаголы на –ся, которые можно заменить другой конструкцией. Например: Специально для них строятся фешенебельные курорты. – Специально для них строят фешенебельные курорты
3. Напишите, какими видами спорта занимаются новые русские: Например: Они играют в футбол, они …
4. Напишите, чем интересуются новые русские.
5. В тексте говорится о том, какие качества ценятся в среде новых русских. Напишите, каких людей ценят новые русские: Они ценят честных,…

Работайте с текстом

1. Когда появились в России новые русские?
2. Почему их так назвали на Западе?
3. Опишите, как живёт бизнес-элита: образ жизни, образование, семейное положение, свободное время.
4. Опишите образ жизни нуворишей.

Ваше мнение

Как вы думаете, какие качества новых русских отличают их от старых русских?

Новостройки в Московском районе Строгино. Блочные дома – типичная архитектура советского времени.

8. Всё нормально, тётя

Перед чтением

– Какую информацию о России можно чаще всего найти в западной прессе?
– Объясните ваш ответ.

– Алло? Петенька? – Это я, тётя твоя из Филадельфии. Что там у вас в России происхо́дит? Мы тут все с ума́ из-за вас схо́дим, когда газеты читаем.

– Ты о чём, тётя? Я не понимаю.

– Как о чём, Петенька? Эти взры́вы в метро, в троллейбусах. Столько же́ртв!

– Ой, тётя. Это ж не в нашем районе. Где-то в центре. И потом, у вас всё преувели́чивают. А жертв – человек двадцать, не больше. Президент на днях выступал, всех успокоил, сказал, что ситуация у него под контролем. Так что у нас всё спокойно.

– Как же спокойно, Петенька? У нас ещё пишут: у вас холе́ра* началась. В водопрово́де па́лочку нашли.

– Враньё, тетя! Я сам лично набирал ба́нку воды из-под кра́на,

2	происходи́ть/произойти́	geschehen
	сходи́ть/сойти́ с ума́	verrückt werden
5	Explosion	
6	же́ртва	Opfer
8	man übertreibt	
12	Wasserleitung	
	hier: Bazillen	
13	Lüge	
	ба́нка	Glas; Dose
	Wasserhahn	

смотрел на свет. Никаких палочек нет. Мэр* тоже выступал, сказал не паникова́ть*: все палочки у него под контролем.

– Петенька! Это я тебе говорю, тётя твоя из Филадельфии, не пейте воду из-под крана! Не пейте её просто так.

– Не волнуйся, тётя. Мы просто так её никогда не пьём. Мы обязательно её разбавля́ем.

– Чем разбавляете, Петенька? Чем-то дезинфици́рующим*?

– Да, тётя, спи́ртом*. Без спи́рта её не пьют даже дети. А переезжать к вам? Зачем? Мы тут уже привыкли.

– А дети, Петенька? Как они в этом кошма́ре живут?

– А чего дети? Нормально! Старший в четвёртый пошёл.

– Ой, Петя, ему уже десять?

– Нет, тётя, ему уже пятнадцать. Это младшему десять. Он тоже скоро в школу пойдёт. Выздоровеет только. Болел. Что-то лысе́ть начал. Но врачи смотрели, говорят, ничего страшного. Это не от радиа́ции*. А от детского пита́ния. Так что у нас всё нормально, тётя.

– Что-то я по твоему голосу не верю, Петя, что у вас всё нормально. А мафия, Петенька? Это ж сплошны́е уби́йства!

– А что мафия, тётя? Мафия как мафия. Мы вообще на неё внимания больше не обращаем. Вон вчера четверых недалеко от нас убили, и ничего. Видишь, с тобой разговариваю. Потом пойду помидоры полива́ть на балкон. У меня, тётя, на балконе теперь – помидоры.

– Петя! Какие помидоры? О чём ты? Кого убили? Четверых? Где?

– У нас на лестнице. Жена как раз из магазина возвращалась. Ей ещё кефир простре́лили. Но ты только не плачь, тётя. Её, слава Богу, не заде́ло. Ты знаешь, даже министр выступал. Сказал, заведено́ уголо́вное де́ло. Так что всё нормально. Жену по телевизору даже показывали. Ой, тётя, ты что упала? Что это у тебя за звук?

– Что ты, Петенька. Подожди. Сейчас поднимусь. И что же жена? Пережива́ет?

– Нет, тётя. Она спокойна. Она пока без созна́ния. Так что у нас всё нормально. Тишина в доме.

– Го́споди!

– Тётя, ты что снова упала? Тётя, уверя́ю тебя, у тебя нет по́вода так из-за нас каждый раз на пол падать.

– Как же нет, Петя? А если тебя убьют?

– Не убьют, тётя. Я из дому не выхожу. Прокуро́р выступал, сказал, пока престу́пность у него под контролем, лучше из дому не выходить. Вот я уже второй год дома сижу.

– Как второй год? А работа?

– Какая работа, тётя! Я уже второй год не работаю. Так что всё нормально.

– Как не работаешь? Тебя что, уво́лили? У тебя ж такие мозги́ были. Ты лучшим офицером в ча́сти был. Такие стенгазеты выпускал!

– При чём тут мозги, тётя? У меня фигура не подходит. В нашей бывшей части открыли первый народный стрипти́з*-клуб «Че́сть имею!» Оставили только тех, кто согласился трансвести́том* стать.

– Петенька, подожди. Я ничего не понимаю из того, что ты говоришь. Как же вы там пита́етесь? Кто за продуктами ходит, если ты два года дома? Жена – в ко́ме*. Вы что, голода́ете?

– Да нет, тётя. За продуктами дочка ходит. Ей уже двадцать.

19	vermischen	
23	кошма́р	Alptraum
27	eine Glatze bekommen	
29	пита́ние	Nahrung
32	ständig	
	уби́йство	Mord
36	полива́ть/поли́ть	gießen
41	durchschoss	
42	traf	
43	leitete das Strafverfahren ein	
47	пережива́ть/пережи́ть	durchleiden; erleben
48	созна́ние	Bewusstsein
50	mein Gott!	
51	versichere	
	по́вод	Anlass; Vorwand
54	Staatsanwalt	
55	престу́пность, *-и*	Kriminalität
60	увольня́ть/уво́лить	entlassen
	Gehirn, Intelligenz	
61	часть, *-и*	(Truppen)Teil
64	честь, *-и*	Ehre
67	ernährt euch	
68	hungert ihr	

Молодое поколе́ние подросло́, которое ничего не боится.

– Дочка, господи?! У вас же маньяков, как комаро́в.

– Не волнуйся, тётя. Я её научил. Она перед выходом из дому каждый раз так чесноко́м ма́жется, что к ней ни один маньяк не подойдёт. Так что у нас всё нормально. Одна проблема: что-то помидоры на балконе в этом году плохо созрева́ют. Как ты думаешь, в чём тут дело?

– Петенька, как ты можешь говорить о помидорах, когда у вас такие проблемы. Сейчас в церковь пойду, све́чку за вас всех поставлю и помолю́сь.

– Помолись, тётенька, помолись! Может быть, тогда Бог твои молитвы услышит, и помидоры созреют. А об остально́м не волнуйся. Мафия, маньяки, война, палочки, армия – это всё ерунда́! Мы уж привыкли. Да и потом, это всё у президента под контролем. Так что у нас всё нормально!

Аргументы и факты, Михаил Задорнов

70 поколе́ние	Generation
wuchs heran	
71 Verrückter	
Schnaken	
73 Knoblauch	
reibt sich ein	
75 reifen	
78 Kerze	
79 моли́ться/по-	beten
81 остально́й	übrig
82 ерунда́	Unsinn, Quatsch

Грамматика

1. Образуйте глаголы от нижестоящих существительных:
   а) волнение, б) беспокойство, в) переживание, г) выживание, д) существование, е) ходьба, ж) езда.
2. Образуйте повелительное наклонение с частицей «не» от нижестоящих глаголов.
   Например: волноваться – не волнуйся! не волнуйтесь!
   а) расстраиваться, б) переживать, в) беспокоиться, г) спрашивать, д) пить, е) есть, ж) ходить, з) ездить.

Работайте с текстом

1. Почему родственники русских в Америке очень волнуются, когда читают в газетах о России?
2. О каких событиях в Москве читала тётя в газетах?
3. Что говорит её племянник?
4. Что случилось с женой племянника?
5. Почему он не работает?
6. Расскажите о детях племянника.
7. Прочитайте текст по ролям.

Следующий шаг

1. Это текст известного сатирика Михаила Задорного. Найдите в тексте места, которые говорят о том, что это сатира.
2. Передайте содержание текста от третьего лица.

Письменное задание

Напишите письмо тёте в Америку от лица её племянника из России.

Интерпретируйте карикатуру.

Т-Зеленченко, г. Харьков

3 И Запад и Восток

Лауреаты Нобелевской премии в области литературы:
И. Бунин,
Б. Пастернак,
М.Шолохов,
А. Солженицын,
И. Бродский

Мстислав Ростропович

«Человек – это загадка. Я хочу разгадать её, потому что я хочу быть человеком.»

Фёдор М. Достоевский

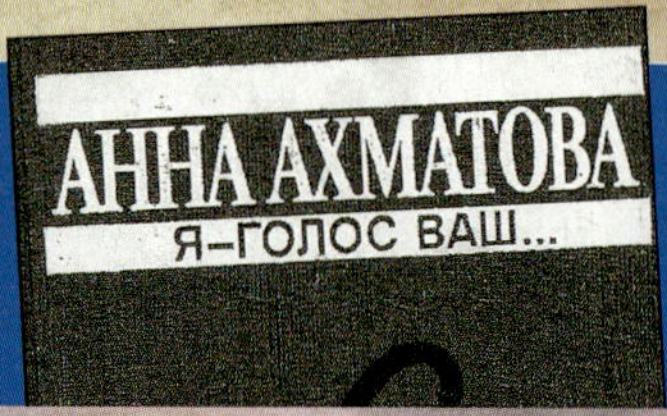

Мусоргский, Чайковский, Глинка

Василий Кандинский, Диагонали, 1923

Прочитайте на коллаже имена знаменитых русских писателей, композиторов, художников, солистов балета, музыкантов.
Какие из этих имён вам знакомы?
Произведения каких композиторов вы уже слышали?
Каких русских деятелей культуры вы знаете ещё?
Подготовьте небольшие рефераты о некоторых деятелях искусства.

Майя Плисецкая

1. Интервью с художником

Перед чтением

– Что изображено на картине?
– Какое впечатление производит на вас эта картина?
– Нравится вам она или нет?
– Определите жанр и технику этой живописи.

C

Жа́нры* живописи	**Техника живописи**
пейзаж, портрет, натюрмо́рт*, бытова́я сце́на, абстракция	ма́сло, акваре́ль*, акри́ль*, гуа́шь*, карандаш, пасте́ль*, гравю́ра* на лино́лиуме*, гравю́ра на ка́мне

Юрий Константинович, расскажите, пожалуйста, о себе.
История знако́мства° и любви моих родителей очень романтична. Многие годы у них не было детей. Моя мать родила́° меня в 43-и года и считала это чудом. Овдове́в, всю свою любовь она отдала мне. Я рос в атмосфере обожа́ния, меня окружали любящие родственники, я был безме́рно избало́ван и занимался только тем, что считал интересным. В нашем доме была огромная библиотека. Самое счастливое время для меня было: листа́ть, ню́хать и щу́пать книги, рассма́тривать картинки. В школе я ходил сразу в 6 городских детских библиотек (отсюда, наверное, моя любовь к гра́фике*, иллюстрации и к экcли́брису*).

Моя мать отдала меня в музыкальную школу, но мне хотелось только рисовать, и с музыкой я расста́лся. В семье была идея отдать меня в Суво́ровское учи́лище, но идея дисциплины и несвободы мне совсем не нравилась. В 1965-ом году я поступил в Художественное Училище.

В 1966-ом году, испыта́в несвободу советской школы, я решил оста́вить учёбу и уйти в свяще́нники. Для этого я поехал в Пско́во-Печёрский монасты́рь, где познакомился с отцом Алипием (Иваном Михайловичем Вороновым), настоя́телем этого монастыря, который определи́л всю мою дальне́йшую° жизнь. Его я считаю своим духо́вным отцом.

Я вернулся в училище, и закончив его, начал работать художником и выставля́ться° с 1971-ого года. Позднее я вступи́л в Сою́з Худо́жников.

Какие основные чувства характеризуют Вашу ли́чность?
Опи́сывая° своё детство и отношения в семье, где была свобода и и́скренняя любовь, я хотел объяснить, почему я не знал никогда чувства страха. Страх – это несвобода. Я был свободен всегда.

Как бы Вы охарактеризовали свой стиль?
Мне трудно охарактеризовать свой стиль. Основное для меня – это свободное отраже́ние своих мыслей, не приде́рживаясь кано́нов*, стилей и школ.

Чем отлича́ется Ваша работа до времени гласности и перестройки и сегодня?
Ничем не отличается. Я всегда был свободен. Свобода – это вну́треннее состоя́ние, не зави́сящее° от политических режимов.

Слова со значком ° образованы от уже известных вам слов.

4	verwitwet	
5	Vergötterung	
6	maßlos	
	verwöhnt	
8	blättern	
	ню́хать/по-	riechen
	tasten	
9	рассма́тривать/рассмотре́ть	betrachten
11	Buchzeichen mit dem Namen des Eigentümers	
13	расстава́ться/расста́ться	sich trennen
14	Militärschule für Knaben	
17	испы́тывать/испыта́ть	erleben, empfinden
18	оставля́ть/оста́вить	aufgeben; lassen
	свяще́нник	Priester
19	Kloster	
20	Abt	
21	определя́ть/определи́ть	bestimmen
22	духо́вный	geistig
24	вступа́ть/вступи́ть	eintreten
25	Künstlerbund	
26	ли́чность, -и	Persönlichkeit
28	и́скренний	aufrichtig, ehrlich
32	Widerspiegelung	
	festhaltend	
34	отлича́ться/отличи́ться	sich unterscheiden
37	вну́тренний	innerlich; Innen-
	состоя́ние	Zustand

А если Вы сравните искусство вообще до перестройки и сейчас?
Художественная жизнь вне́шне° стала свободной. Разнообра́зие выставок велико́°. Раньше у нас был только «социалистический реализм», теперь есть и конце́пт*, и инсталля́ция*, и перфо́рманс* и движе́ние° «голубы́х художников». Но настоящих художников с большой буквы – всегда мало.
Можно сказать, что публика на Западе и в России разная?
Я не хотел бы обижа́ть западную публику, но только в России – художник больше, чем художник. В кни́гах о́тзывов пишут целые поэ́мы*, глубоко пристра́стные, эмоциональные, иногда гру́бые, но всегда искренние, напи́санные°, буква́льно°, с детской непосре́дственностью. Западная публика – рациональна, что объясни́мо° социально-культурными и религиозными тради́циями*.
Юрий Константинович, у Вас есть дочь, тоже художница. Считаете ли Вы, что она счастливее, чем Вы?
Я считаю, что моё детство было счастливее, чем детство моей дочери. Для моей мамы я был смыслом жизни, и получил от неё огромный заря́д тепла и любви. Для меня, как это ни грустно, главное в жизни – это моё искусство. Семья для художника всегда на втором месте.
Быть дочерью художника нелегко. Но зато в професссиональном плане Маша с детства занимается искусством – рисует. У неё было уже очень много выставок.
Россия пережива́ет сложное время. И дело не только в материальной бе́дности. В эпоху моей молодости, несмотря на всё идеологическое давле́ние, была уве́ренность в за́втрашнем° дне. Мы горди́лись нашей Родиной, её техническими достиже́ниями, космосом. Мы были патриотами в лучшем значении этого слова. Мы жили большими гуманистическими, философскими идеями справедли́вости, добра́ и мира. Сейчас много возможностей, много путей для молодого человека. Но круше́ние всех традиционных русских идеалов, рожда́ет° ха́ос* в юношеском созна́нии. И на первый план выходит лозунг: «Обогаща́йся!». А хорошо ли это?
Юрий Константинович, большое спасибо за интервью.

Интервью с Юрием Люкшиным провела П. Роскошная, июнь 2000

39	Vielfalt	
42	homosexuell (*umg.*)	
45	kränken	
46	Gästebücher	
47	voreingenommen	
	гру́бый	grob
48	Unbefangenheit	
55	*hier:* Vorschuss	
61	пережива́ть/пережи́ть	erleben
62	бе́дность, *-и*	Armut, Elend
63	давле́ние	Druck
	уве́ренность, *-и*	Sicherheit
64	горди́ться чем	stolz sein
	Errungenschaft	
67	справедли́вость, *-и*	Gerechtigkeit
	добро́	das Gute
68	Zusammenbruch	
69	созна́ние	Bewusstsein
70	bereichere dich	

Работайте с текстом

1. Расскажите о детстве и юности художника.
2. Какой факт из биографии Люкшина вас больше всего заинтересовал?
3. О каких изменениях в искусстве говорит художник?
4. Как относится к искусству русская и западная публика?
5. Что вы узнали о юности Люкшина и о юности его дочери Маши?
6. Что вы узнали о сегодняшней молодёжи в России?
7. Разделите текст интервью на смысловые части. Придумайте заглавия для каждой части.
8. Придумайте название для картины на стр.47.

Ваше мнение

1. Как вы относитесь к современному искусству, например, к инсталля́циям*?
2. На мировой художественной выставке 1998 г. в Касселе не было ни одной (!) картины. Как вы думаете, может ли живопись исчезнуть совсем?

Письменное задание

Напишите содержание одной из частей от третьего лица.

Работайте в парах

Составьте диалоги и разыграйте их в классе.

1. Юра не хочет ходить в музыкальную школу, а его мать хочет, чтобы он и дальше посещал её.
2. Юра хочет уйти в монастырь. Его друг не может понять этого.
3. Маша думает, что её юность не менее счастливая, чем юность её отца. Юрий Константинович не согласен с ней.

Мнения, дискуссии

1. Если родители любят и балуют своих детей, тогда дети вырастают свободными и счастливыми.
2. В жизни надо делать всегда только то, что тебе интересно.

Работайте в группах

Подготовьте в группах вопросы и проведите в классе интервью со своим учителем русского языка на темы:

1. Выбор профессии
2. Биография
3. Хобби/свободное время

2. К истории русской церкви

В 1988-ом году русская правосла́вная церковь праздновала своё тысячелетие.

Хроника Нестора, самая ранняя запись об истории России, рассказывет, что Киевский князь Владимир послал своих посло́в по всему миру, чтобы выбрать религию для русских людей. Вернувшись, послы рассказали князю: «Были мы у болга́р. Их религия нам не подходит: свини́ны есть нельзя, вина пить нельзя. Были мы у немцев. Видели их служение богу, но красоты не видели никакой. Были мы у гре́ков. В их церкви не знали мы, где мы были – на небе или на земле. Такая красота была вокруг». Этот рассказ понравился князю. Элемент красоты всегда играл большую роль для русского человека.

Тысяча лет христиа́нства в России – это тысяча лет русской культуры. Русские церкви с их золотыми купола́ми всегда были важными памятниками русской архитектуры.

Раньше церкви строились на специально для них отведённых местах. Церковь в деревне и в городе была самым красивым

1 правосла́вный orthodox
4 Botschafter
6 Bulgaren
7 Schweinefleisch
9 Griechen
13 христиа́нство Christentum
14 Zwiebeltürme
16 zugeteilte

18	Bauwerk	
20	звуча́ть	erklingen
22	ehren, rühmen	
24	*hier:* sparten	
26	Erlöserkathedrale	
29	Platz geben	
34	Führer	
35	umgewandelt	
	Lagerräume	
	Geistliche	
36	verbannt	
	erschossen	
37	gesprengt	
38	прави́тельство	Regierung
40	Dach	
42	senkte sich	
43	ausgestreckte	
47	восстана́вливать/восстанови́ть	wiederherstellen
53	возвраща́ть/возврати́ть	zurückgeben

архитектурным сооруже́нием. В русской церкви много ико́н* и фре́сок*. Человек должен чувствовать себя в церкви между небом и землёй. Русское церковное пение тоже очень красиво. Оно звучи́т без музыкального аккомпанеме́нта*. Только человеческий голос должен сла́вить Бога. Элементы красоты играли большую роль в русской церковной архитектуре. На строительство церквей не жале́ли денег. Здесь было сконцентри́ровано* самое лучшее всей русской национальной культуры.

Одним из самых красивых храмов Москвы был Храм Христа́ Спаси́теля. Храм начали строить в 1835-ом году. Закончили строительство в 1883-ем году. Здание храма построено в традиционном византи́йско*-ру́сском стиле. Оно могло вмести́ть до 10 000 тысяч человек.

После революции 1917-ого года Россия стала атеисти́ческой*. Новая власть объявила: «Религия – это о́пиум* для народа». Народ должен был любить только одного бога и верить ему – новой партии и её руководи́телям. Тысячи церквей были разрушены или превращены́ в склады́, фабрики, кинотеатры. Тысячи свяще́нников были со́сланы или расстре́ляны.

5-ого декабря 1931-ого года был взо́рван Храм Христа Спасителя. Советское прави́тельство решило построить на его месте гигантское здание Дворца Советов с огромной ста́туей* Ленина на кры́ше. Это здание должно было бы стать самым высоким зданием Москвы – символом новой власти. Проект не получился. Грунт* оседа́л, и с этим ничего не могли сделать. А если бы и построили это утопическое здание, то протя́нутая вверх рука Ленина была бы всё равно почти всегда выше облаков. И тогда на этом месте построили плавательный бассейн «Москва».

Со времени гласности и перестройки религия опять стала занимать важное место в жизни России. Восстано́влены тысячи церквей. Мэр Москвы Юрий Лужков решил восстановить и Храм Христа Спасителя. Это сделали за фантастически короткие сроки. На проект и на строительство ушёл всего – один год! Что интересно, под новым храмом находится огромный гараж для легковых автомобилей.

Государство возвраща́ет Церкви тысячи храмов, монастырей. На их восстановление нужно, конечно, много денег. Но главное, что люди опять могут свободно ходить в церковь и верить в бога.

Андрей Веслов

Грамматика

Переведите следующие предложения. Определите глагольные конструкции.

1. Здание храма было построено в традиционном византийско-русском стиле.
2. Тысячи священников были сосланы или расстреляны.
3. 5-ого декабря 1931-ого года был взорван Храм Христа Спасителя.

Работайте с текстом

1. Что вы узнали об истории русской церкви?
2. Какую роль играют элементы красоты в русской религии?
3. Расскажите об истории Храма Христа Спасителя:
   а) Когда он был построен?
   б) Сколько лет строили Храм?
   в) Что произошло с Храмом при советской власти?
   г) Что хотели новые власти построить на месте Храма и почему это не получилось?

д) За какое время был восстановлен Храм Христа Спасителя?

4. Что изменилось в области религии после перестройки?

Говорите

1. Когда вы празднуете Рождество?
2. Когда русские празднуют Рождество?
3. Почему русские празднуют религиозные праздники в другое время?
4. Какие религиозные праздники вы знаете в России и в вашей стране?

И Календарь

Юлий Цезарь ввёл в 1 веке до нашей эры календарь, который называется «Юлианский». В 16 веке папа римский Григорий XIII ввёл новый календарь, который называется «Григорианский». Русская Православная Церковь живёт и отмечает праздники по юлианскому календарю. Разница между двумя календарями составляет в настоящее время 13 суток.

3. Россия меня так и не прочитала…

Александр Исаевич Солженицын сделал в своё время невозможное. Своим небольшим рассказом «Один день Ивана Денисовича» он пошатну́л казалось бы неруши́мую советскую систему. За публикацию своей книги «Архипелаг ГУЛА́Г» за границей он был выслан из Советского Союза. 20 лет Солженицын прожил в Америке. 27-ого мая 1994-ого года он вернулся в Россию. Солженицын – гениальный писатель, лауреа́т Нобелевской премии, великий гражда́нин и проро́к. Многие в России не согласны с ним, не понимают его.*

Вот некоторые высказывания писателя о себе, о своих книгах, о сегодняшней и будущей России.

Я вернулся в Россию, чтобы остаться в ней навсегда.

Я знаю, что, к сожалению, большинство моих книг Россия не прочитала. Уже разрешили печатать всех эмигрантов. Меня не разрешали. Наконец разрешили. Но через три-четыре месяца разрушилось всё книгоизда́ние, и книги мои уже некому было издава́ть. Раньше я думал, что приеду в Россию после своих книг, и меня уже будут знать как автора. Сегодня же меня как автора почти не знают. Ну, что делать? Я хочу помочь России. Смогу помочь – буду счастлив.

Я проща́ть никого не хочу, потому что я абсолютно ни на кого не зо́л. Даже когда меня посади́ли в тюрьму в 1945-ом году, я не был зол. Я действи́тельно был против этого режи́ма*. Я говорил, что с коммунизмом жить нельзя. Меня посадили правильно.

Я вообще против партий. Есть созда́ния небесные – нация, семья. Я никогда ни в одной партии не только не был, – я принципиально против партий.

3 brachte ins Schwanken
unzerstörbar
4 Hauptverwaltung der Arbeitslager
8 гражда́нин (*Pl.* гра́ждане) Bürger
Prophet
16 Verlagswesen
17 издава́ть/изда́ть herausgeben
21 проща́ть/прости́ть verzeihen
22 злой (зол, зла) böse, verärgert
сажа́ть/посади́ть einsperren; pflanzen
23 действи́тельно tatsächlich, wirklich
25 Geschöpfe

29	Unzulänglichkeiten	
31	поле́зный	nützlich
	ну́жный	nötig
32	душа́	Seele
	überschüttet	
33	wankt	
34	zum Trost	
36	зе́ркало	Spiegel
37	состоя́ние	Zustand
	страда́ть/по- от чего	leiden
39	von oben her einführen	
41	чёткий	klar
	зако́н	Gesetz
43	выпуска́ть/вы́пустить	herausgeben
44	gesetzgebend	
46	духо́вный	geistig
	ertrug Schläge	
48	gebildet	
49	населе́ние	Bevölkerung
	Altgläubige	
	das Rückgrat war gebrochen	
51	плод	Frucht
53	zerbrach	
54	geistige Ganzheit	
57	*hier:* entwickelte sich	
58	Umsturz	
	plündern	
59	vernichteten, massakrierten	
62	кошма́р	Alptraum
	прави́тельство	Regierung
63	ungeeigneter (Weg)	
64	выде́рживать/вы́держать	aushalten
	тру́дность, *-и*	Schwierigkeit
	безобра́зие	Unfug
65	достига́ть/дости́чь или дости́гнуть чего	etwas erreichen
68	Rechtsgrundlage	
69	blühender	
70	Menschheit	
71	verrückt	
72	*hier:* Gier	
	Gewinn um jeden Preis	
73	торгова́ть чем	handeln mit
	ору́жие	Waffe
74	verwandelt sich	
75	Verbündeter	
76	зага́дочный	rätselhaft
	вдаль	in die Ferne

Мне 75 лет. Я занимался 20 лет русской историей. Если я вижу недоста́тки власти, я тоже говорю об этом. Но это не значит, что я с оппозицией или с властью. Я всегда буду говорить то, что считаю поле́зным или ну́жным для России.

Да, язык наш выражает нашу ду́шу. И когда мы сегодня зава́лены англици́змами* – да, это наша душа сегодня шата́ется. Но в утеше́ние скажу, что и в 18-ом веке вот так же мы были завалены голла́ндскими* и немецкими словами. Но всё ушло. И сегодня – всё пройдёт, всё исчезнет. Язык – это зе́ркало народной души. Русский язык сейчас в ужасном состоя́нии. Я страда́ю от этого. Если не будет русского языка, не будет и нас, русских, совсем.

Религию нельзя све́рху вводи́ть. Но без религии, без веры в Бога человек это не человек.

Нам нужны чёткие и ясные зако́ны, их надо вырабатывать, а не устраивать сканда́лы* и шоу в Думе. Работать, работать, работать в комиссиях и комитетах – и выпуска́ть законы! Этого не делается, но этого мы ждём от наших законода́тельных органов.

Россия – огромная страна, целый континент, и у нас есть тысячелетняя духо́вная культура. Она выноси́ла уда́ры, начиная с царя Алексея Михайловича, который начал гнать самую образо́ванную, инициати́вную*, талантливейшую часть нашего населе́ния – старообря́дчество. Тогда был почти переши́блен хребе́т русского народа.

Потом Пётр, не понимая, что нельзя перенести плоды́ западной цивилизации без всей атмосферы (традиций, обычаев, образа мыслей), силой переносил в Россию эти плоды. Так разорвала́сь духо́вная це́льность русской культуры.

Что должны отвечать наши студенты в Америке, когда их спрашивают: «При ваших талантах почему всё идёт у вас вниз?» Вот так сложи́лась история. Мы платим за 17-й год, за Октябрьский переворо́т, за то, что наши отцы и деды стали гра́бить и убивать, за то, что 60 миллионов нашего народа вы́резали – самых лучших, самых умных, самых инициати́вных*, самых смелых, самых талантливых. И, наконец, с 1985-1986 года можно было начать выходить из этого кошма́ра, и тут наше прави́тельство не нашло ничего лучшего, как самый неле́пый путь.

Нам надо вы́держать и материальные тру́дности, и безобра́зия и верить, что мы можем дости́чь лучшего. Как? Нам надо суметь построить государство, в котором были бы сильны и центр и регио́ны*. Регион должен сам устраивать свою жизнь. И всё это на чёткой правово́й осно́ве.

Материально процвета́ющий Запад 20-ого века не представляет, какие ужасы ждут челове́чество в 21-ом веке, как мы в прошлом веке не представляли, что ждёт нас в 20-ом веке. Вот эта безу́мная жа́жда при́были во что бы то ни ста́ло – и ничего, кроме прибыли! Все торгу́ют сегодня ору́жием. Оно попадает в такие руки, что через 15-20 лет всё это обернётся таким кошмаром.

В 21-ом веке Россия будет нужна Западу как сою́зник. Да, это может показаться зага́дочным для тех, кто не умеет видеть вда́ль, кто не видит, какие силы растут в мире.

Огонёк, июнь 1994

Грамматика

Переведите следующие предложения. Объясните употребление вида глаголов.
1. Меня не разрешали печатать.
2. Уже разрешили печатать всех эмигрантов, а меня не разрешали.
3. Наконец разрешили.

Работайте с текстом

1. Найдите в тексте места, где Солженицын говорит
   а) о своих книгах;
   б) о своих убеждениях;
   в) о русском языке;
   г) о реформах Петра I;
   д) о религии;
   е) о прошлом, настоящем и будущем России и Европы.
2. Передайте содержание этих абзацев одним предложением.
3. Передайте своими словами содержание этих абзацев.
4. Придумайте заголовки к абзацам.

4. Киноман, или уик-энд стори

Я киноман. Сегодня пятница. Я иду в видеотеку, беру триллер. Иду домой. Смотрю триллер. Лайф в Америке очень шикарная. Доллары, кадиллаки, вумен, парти. Смотрю триллер…

Звонок в дверь. В дверях бизнесмен и его бодигард в бейсболке.

– Ты киноман?

– Я.

– Летим в Голливуд!

– ???

– Ты выиграл приз, летишь в круиз.

– Это блеф?

– Нет, правда.

Летим в Голливуд. В Голливуде кайф. Аперитив, барбикью, массаж, визаж, доллары. Утром – Диснейленд, вечером – парти, ночью – казино, рандеву. На парти – Шварценэггер, Сталлоне, коктейли, салями. Ка-а-а-й-ф!

– Бизнесмен и его бодигард в бейсболке приходят ко мне в отель:

– Ты любишь красивые машины и быструю езду?

– Йес, – отвечаю я по-американски.

– Окей, едем!

Мы едем. Едем 100 км в час, 200 км в час. Кадиллак летит с горы в море. Я в панике. Падаю, падаю.

Упал… с дивана. По телевизору идёт триллер. У меня хеппи-энд.

«Новые русские» слова

Работайте с текстом

Передайте содержание текста своими словами.

Говорите

1. Как вы думаете, почему в русском языке в последние годы появилось очень много английских и немецких слов?
2. Опишите языковую ситуацию в вашей стране.
3. В каких областях, по-вашему мнению, больше всего английских слов? Объясните, почему.

5. Загадочная русская душа — какая она?

Знаете ли вы русский менталитет? Проверьте себя.

Тест

	да / нет
1. У русских принято говорить друг другу комплименты.	
2. Русские часто говорят друг с другом о своём здоровье, дают друг другу советы, как лечиться.	
3. Русские часто говорят о погоде.	
4. Русские любят рассказывать анекдоты.	
5. Русские встречают гостей на вокзале, в аэропорту цветами.	
6. Если вас приглашают в гости, то принято приносить хозяйке живые цветы.	
7. Русские носят фотографии своих детей в портмоне́*.	
8. Если русские приглашают вас в гости, они всегда говорят: на обед, на ужин, на кофе.	
9. Русские любят говорить о политике.	
10. Русские никогда не говорят о том, кто сколько зарабатывает, и других не спрашивают об этом.	

Ответьте на вопросы теста.
Обсудите с учителем русского языка результаты опроса.
Расскажите, как принято у вас.

Переведите со словарём пословицы:
1. Тише едешь, дальше будешь.
2. Работа не волк – в лес не убежит.
3. Излишние порядки – те же беспорядки.
4. Везде хорошо, где нас нет.
5. Утро вечера мудренее.

О каких чертах национального характера говорят эти пословицы?

6. Запад или Восток?

Слева – Европа, справа – Азия. Здесь между Европой и Азией – один шаг. Памятник на границе Европы и Азии на Урале.

Россия лежит и в Европе и в Азии. Со времён Киевской Руси русские подде́рживали те́сные торговые отношения с Европой. Татаро-монгольское и́го, которое дли́лось более 200 лет, приостанови́ло культурное и торговое разви́тие России. За эти века Россия переняла́ много восточных обычаев, нра́вов, слов. С 16-ого века опять начались контакты с Западом. Одновреме́нно Россия завоёвывала территорию на Восток. Итак, куда отно́сится Россия: к Западу или к Востоку? На этот вопрос хотели дать ответ ещё в 19-ом веке сторо́нники Запада – западники и сторонники особого русского пути развития России – славянофи́лы.

Ди́спут* между западником и славянофилом в 19-ом веке

Западник: Россия должна идти по пути развития Европы. Во время Отечественной войны с Наполеоном мы были в Европе, мы увидели, как живут там люди. Мы хотим, чтобы русские люди тоже хорошо жили. Декабристы хотели для России западных свобод. И что из этого получи́лось? Восстание было жесто́ко, по-восточному, пода́влено.

Славянофил: А вы спросили русский народ, чего он хочет? Может быть, он доволен царём-ба́тюшкой, а ваши западные свободы ему не нужны? Мы русские – особый народ. У нашего народа особая ми́ссия* для всего человечества. Наша страна не похожа ни на какую другую страну. Мы должны идти не по европейскому пути, мы должны идти своим, особым, русским путём.

Западник: Я не согласен с тобой. Мы не можем жить изолировано от всего мира. С Европой мы свя́заны уже давно. Со времён реформ Петра I и даже ещё раньше. Торговые связи, немецкая философия, французская литература – это всё близко и знакомо русским.

Славянофил: Реформы Петра были большой ошибкой. Россия сошла со своего пути развития. Наша си́ла – в нашей ве́ре, в русской правосла́вной вере. В вере, а не в национальном вопросе. Это наш прогресс, это наше особое развитие. На Западе нет настоящей веры. На первом месте там материальные це́нности, а не вера в духо́вное. Только русские могут по-настоящему верить в Бога.

Западник: Что даёт нам вера, когда мы так плохо живём? Чаада́ев сказал: «У нас нет тради́ций*, у нас нет истории, которая бы воспи́тывала наш народ. В нас только хаос, у нас нет прошлого и будущего. Мы изолированы от остально́го человечества, у нас нет никакого со́бственного развития, никакого настоящего прогресса. Нам далеко до чувства до́лга, справедли́вости и порядка, атмосферу которых несёт Запад.

3	подде́рживать/поддержа́ть	unterstützen
	те́сный	eng
5	Joch	
6	дли́ться	dauern
7	verzögerte	
8	разви́тие	Entwicklung
10	übernahm	
11	Sitte	
13	одновреме́нно	gleichzeitig
	eroberte	
14	относи́ться/отнести́сь	gehören; sich verhalten
15	Anhänger, Mitstreiter	
17	Slawophile	
23	kam heraus	
	жесто́кий	grausam, brutal
24	unterdrückt	
26	Väterchen	
31	verbunden	
35	си́ла	Stärke, Kraft
	ве́ра	Glaube
36	правосла́вный	orthodox
38	це́нность, -и	Wert
39	das Geistige	
40	Чаада́ев, Пётр Яковлевич (1794-1856), философ	
42	воспи́тывать/воспита́ть	erziehen
43	остально́й	übrig,verblieben
44	со́бственный	eigen
45	долг	Pflicht
	справедли́вость, -и	Gerechtigkeit

Дорогое удовольствие

По да́нным Министерства экономики, один нерабочий день стоит стране 4,3 биллиарда рублей. Но, по мнению бывшего ви́це-премье́ра* Олега Сысуева, политический вы́игрыш важнее: «Как чле́н правительства я понимаю, что праздновать 7-ое ноября для экономики дорого. Но как человек, который прошёл на демонстрациях не один километр с песнями под красными флагами, знаю, что отменить его сейчас невозможно. Спокойствие в государстве стоит лишнего выходного».

А вот Геннадий Меликьян считает это неправильным: «Надо бороться за более высокую зарплату, а не за большее безде́лье. Научимся работать хорошо, тогда можно будет и погуля́ть. Увы́, моего мнения не слушали, когда вводили новые праздники или увели́чивали отпуска».

8	Angaben	
10	Gewinn	
11	член	Mitglied
17	Nichtsteuerei	
18	гуля́ть/погуля́ть	*hier*: feiern
	увы́	leider
20	увели́чивать/увели́чить	*hier*: verlängern

Каждый день есть по́вод

Институт социоло́гии* парламентари́зма* провёл опрос 6000 человек во всех 12 экономических районах страны. Россиян просили назвать 3 самых любимых праздника. Абсолютное большинство (85%) назвали Новый год, 42% – День Победы, по 36% назвали 8-ое Марта и Рождество Христово.

1-ое мая и годовщи́ну Октябрьской революции любят всего по 14% и 9% населения. Не повезло́ и «демократическим» датам: Дню принятия Декларации о суверените́те* 12-ого июня и Дню Конституции 12 декабря. У них по 1% покло́нников. 4% призна́лись, что им больше нравятся другие праздники. Кому-то нравится День рыбака, а кому-то – День славянской письменности. Специалисты Министерства труда насчитали 45 только профессиональных праздников, около десяти во́инских и ещё столько же зага́дочных дат, как например, День едине́ния народов. А ведь есть ещё религиозные и национальные праздники. Башкирия, например, гуляет и не работает 12 дней в году – в полтора раза больше, чем Федерация.

Есть праздники-двойники́, отмечаемые по старому советскому и по новому российскому стилю. Журналисты, например, празднуют дважды в году: 13 января и 5 мая. Ситуация с некоторыми праздниками настолько запу́танна, что готовится даже специальный ука́з президента, который должен внести́ я́сность: когда и по какому поводу россиянину веселиться надо.

Виталий Цепляев, Аргументы и факты, 45/1997

21	по́вод	Anlass; Vorwand
27	Jahrestag	
28	везти́/по- кому	Glück haben
30	Fans	
31	gaben zu	
34	Militär-	
35	зага́дочный	rätselhaft
	Einigung	
39	Doppelgänger	
42	verworren	
43	ука́з	Befehl, Erlass, Ukas
	Klarheit verschaffen	

Работайте с текстом

1. Почему 7-ое ноября является самым противоречивым праздником для русских?
2. Назовите самые любимые праздники в России.
3. Назовите самые непопулярные праздники.
4. Назовите общие праздники для России и для Германии.

Работайте в парах

Спросите друг друга:
1. Какие праздники вы отмечаете с семьёй, а какие с друзьями?
2. Как вы отмечаете эти праздники?
3. Если вы делаете подарки, то какие?
4. Какие праздники вы любите больше всего? Почему?
5. Поздравьте друг друга с днём рождения, с Рождеством, с Пасхой, с Новым годом. Ответьте на поздравление.

Мнения, дискуссии

1. Религиозные и национальные праздники надо отменить. Это старые традиции. Надо праздновать только личные праздники.
2. Мне всё равно, какой праздник праздновать. Главное – это нерабочий день.

P

Поздравление

Поздравляю вас (тебя) с праздником (с помолвкой, со свадьбой, с получением водительских прав, с окончанием школы)!
Желаю вам (тебе) всего самого наилучшего!
Желаю вам (тебе) здоровья, счастья, успехов во всём.

Ответ на поздравление

(Большое) спасибо!
Вас (тебя) также!

Большой театр

23 (12.00) - «Сильфида»; (вечер) - «Тоска». 25 (12.00) Чиполлино; (вечер) «Богема»

Походы и экскурсии

8.11 – Панорама Петербурга с высоты телебашни;

Концерты

22 - Спектакль-коллаж «Всё дело в шляпе».
Клоун-мим-театр «Соседи».

Тусовки

«Корсар»; 7.11, 20.30 – группа Rattle snakes». 8.11, 20.30 –группы «Барракуда» и «Кадиллак». 9.11 - Rap-party.

Выставки

Эрмитаж «Камеи уральских мастеров», «Великий Фаберже Рембрандта». Работает с 10.30 до 18 часов, выходной - понедельник. Билеты: (детям-бесплатно).
Выставочный центр «Невограф» журнал «Нева» начинает программу под девизом «XXI век – век женской интуиции» – выставки петербургских художниц.

Ночное рандеву

Ночной диско-клуб «Карусель»; 22 – Новая эротическая программа стриптиз-шоу.

Променад

Лыжные походы выходного дня
24 февраля, суббота
Радищево – Снегири (22 км).
Сбор в 8.20 у пригородных касс Ленинградского вокзала.

Премьера

Театр юных зрителей
11 ноября – «Вы видите Пьеро».

– Прочитайте на коллаже, куда можно пойти.
– Куда бы вы хотели пойти? Сформулируйте предложения по образцу: Я хотел (-а) бы пойти сегодня на тусовку в «Корсар». Там играют группы «Барракуда» и «Кадиллак».

свя́тки — Tage zwischen Weihnachten und dem Dreikönigsfest

8. Свя́тки

Перед прослушиванием

– Опишите, что вы видите на фотографии.
– Как вы думаете, о чём будет идти речь в тексте ?

Эти слова помогут вам понять текст:

ря́женый maskiert, verkleidet – тракти́рщик Gastwirt – ба́рыня Herrin, große Dame – хорово́д Reigen(tanz) – черке́с Tscherkese – усы́ (*Pl.* усо́в) Schnurrbart – бровь,-*и* Augenbraue – перегна́ть überholen – догна́ть einholen – гнать jagen, treiben – Ну, держи́сь, ба́рин! Na, halte dich fest, Herr! – засыпа́ть einschütten – седо́к Insasse – свист das Pfeifen – визг das Gewinsel – ба́ня Dampfbad – гада́ть wahrsagen – хра́брость,-*и* Tapferkeit – пету́х Hahn – прибо́р Gerät – в о́бразе in Gestalt – выка́тывать ausrollen – угова́ривать einreden – испуга́ться Angst bekommen – подхвати́ть ergreifen – амба́р Speicher – стуча́ть klopfen

А теперь прослушайте текст.

Работайте с текстом

1. Как вы думаете, когда происходит действие текста, в старой России или в наши дни? Объясните, почему.
2. О каких обрядах на святки вы узнали из текста?
3. Какое это время года? Почему?
4. Расскажите об отношениях Сони и Николая во время катания на тройках, в конце рассказа.

Ваше мнение

Согласны ли вы с тем, что в костюмированном виде люди ведут себя по-другому?

О себе

1. Какой праздник в вашей стране похож на русские святки? Расскажите, как вы празднуете этот праздник.
2. На святки русские часто гадают. Как вы относитесь к предсказаниям будущего?
   Хотели бы вы знать, что ждёт вас в будущем?
3. Пытались ли вы узнать своё будущее
   а) по картам, б) у гадалки, в) спиритическими методами?

9. Отговорила ро́ща золотая

На стихи Сергея Есенина (1895-1925) часто писали музыку. И сейчас многие его стихи популя́рны как песни или романсы.*

**Отговорила роща золотая
Берёзовым, весёлым языком,
И журавли́, печа́льно пролетая,
Уж не жалеют больше ни о ком.**

**Стою один среди равни́ны го́лой,
А журавлей относит ветер вда́ль.
Я полон дум о юности весёлой,
Но ничего в прошедшем мне не жаль.**

**Не жаль мне лет, растра́ченных напра́сно,
Не жаль души́ сире́невую цветь.
В саду горит костёр ряби́ны красной,
Но никого не может он согре́ть.**

**Отговорила роща золотая
Берёзовым, весёлым языком,
И журавли, печально пролетая,
Уж не жалеют больше ни о ком.**

Сергей Есенин

Hain

2 Birken-
3 Kranich
печа́льный — traurig
5 Ebene, Flachland
го́лый — nackt; kahl
вдаль — in die Ferne
9 verschwendete
напра́сный — vergeblich
10 душа́ — Seele
Flieder-
Blüte
11 Eberesche
erwärmen

Работайте с текстом

1. Какое время года описано в стихах? Найдите слова и выражения, описывающие это время года.
2. О чём думает поэт?
3. С чем сравнивает поэт картину осени?
4. Опишите настроение поэта. Подтвердите своё высказывание словами из текста.
5. Что вы можете сказать о юности поэта по этому стихотворению? Обратите внимание на годы жизни поэта.

Следующий шаг

1. Прослушайте песню. Сравните мелодию и текст стихотворения.
2. Соберите информацию о жизни Сергея Есенина. Расскажите о поэте в классе.

10. Из современной литературы: Generation «П»

Когда-то в России жило юное поколе́ние, которое улыбнулось лету, морю и солнцу – и выбрало «Пепси».

Сейчас уже трудно установи́ть, почему это произошло́. Наверное, идео́логи* СССР считали, что правда бывает только одна. Поэтому у поколения «П» на самом деле не было никакого выбора, и дети семидесятых выбирали «Пепси» точно так же, как их родители выбирали Брежнева. Эти дети, лёжа летом на морском берегу, глядели на синий горизонт, пили тёплую пепси-колу и мечтали о том, что когда-нибудь далёкий запрещённый мир с той стороны моря войдёт в их жизнь. Прошло десять лет, и этот мир стал входить – сначала осторожно, а потом всё смелее и смелее.

1 поколе́ние — Generation
3 устана́вливать/установи́ть — feststellen
происходи́ть/произойти́ — geschehen
9 запреща́ть/запрети́ть — verbieten

Вавилен Татарский автомати́чески* попал в поколение «П», хотя долгое время ничего не знал об этом. Если бы в те далёкие годы ему сказали, что он, когда вырастет, станет копира́йтером*, он бы, наверное, вы́ронил от удивления бутылку «Пепси-колы». В те далёкие времена детям надо было стреми́ться стать пожа́рным или врачом. Даже мирное слово «диза́йнер»* казалось сомни́тельным неологи́змом*.

Жизнь Татарского проходила самым обычным образом. Он поступил в технологический институт – не потому, что любил технику, а потому что не хотел идти в армию. Но в двадцать лет с ним случилось не́что, решившее его дальнейшую судьбу.

Летом, в деревне, он прочитал маленькую книгу Бориса Пастернака. Стихи, к которым раньше он был совершенно равноду́шен, так потрясли́ его, что несколько недель он не мог думать ни о чём другом, а потом начал писать их сам. Он навсегда запомнил карка́с* автобуса недалеко от леса. Возле этого каркаса ему в голову пришла первая в жизни строка – «Сарди́ны* облаков плывут на юг». Случай был типичным и типично закончился – Татарский поступил в Литературный институт. Правда, на отделение поэзии он не прошёл. Пришло́сь пойти на факультет переводов с языков народов СССР. Татарский представлял себе своё будущее так: днём – пустая аудито́рия* в Литинституте, а по вечерам – труды для ве́чности.

Потом незаме́тно произошло одно важное для его будущего событие. СССР, который начали обновля́ть и улучша́ть примерно тогда же, когда Татарский решил сменить профессию, улучшился так, что переста́л существова́ть (если государство может попасть в нирва́ну*, это был как раз такой случай). Поэтому ни о каких переводах с языков народов СССР не могло быть и речи. Это был уда́р, но его Татарский перенёс. Оставалась работа для вечности, и этого было достаточно.

И тут случилось что-то непонятное. С вечностью тоже стало что-то происходить. Этого Татарский не мог понять совсем. Ведь вечность – так, во всяком случае, он всегда думал – была чем-то неизменным, не зависящим от земного.

Оказа́лось, что это не совсем так. Оказалось, что вечность существовала только до тех пор, пока Татарский и́скренне в неё верил. Для того, чтобы искренне верить в вечность, надо было, чтобы в неё верили и другие. Потому что вера, которую не разделяет никто, называется шизофрени́ей*. А с этими другими начало твори́ться что-то стра́нное. Вокруг замелька́ли совсем другие ландшафты. Скоро он знал, что уже не нужен эпо́хе*, потому что этой эпохи, так как и вечности, больше нет.

Больше он не писал стихов: с ги́белью советской власти они потеряли силу и це́нность.

14	копира́йтер	Werbetexter
15	ließ fallen	
16	стреми́ться	anstreben
	Feuerwehrmann	
17	zweifelhaft	
22	etwas (Bestimmtes)	
25	равноду́шный	gleichgültig
	erschütterten	
31	приходи́ться/прийти́сь кому *(nur 3. Pers.)*	müssen
34	ве́чность, *-и*	Ewigkeit
35	незаме́тный	unbemerkt
36	erneuern	
	улучша́ть/улу́чшить	verbessern
38	перестава́ть/переста́ть	aufhören
	существова́ть	existieren
41	Schlag	
47	ока́зываться/оказа́ться чем	sich erweisen
48	и́скренний	ehrlich
52	passierte	
	стра́нный	merkwürdig
	tauchten auf	
55	Untergang	
56	це́нность, *-и*	Wert

Работайте с текстом

1. О чём мечтали дети семидесятых годов?
2. Почему поколение семидесятых называется поколением «П»?
3. О каких профессиях должны были мечтать дети в бывшем СССР?
4. Как складывалась жизнь Татарского?
5. Что изменило однажды его судьбу?
6. Как Татарский представлял себе будущее?
7. Что изменилось в стране?
8. Почему эти изменения стали ударом для Татарского?
9. Почему Татарский не мог больше писать стихи?

Как только вечность исчезла, Татарский оказался в настоящем. Он увидел, что ничего не знает про этот мир, который появился вокруг за несколько последних лет.

Этот мир был очень странным. Внешне он изменился мало – на улицах стало больше ни́щих, а всё вокруг – дома, деревья, скамейки на улицах – вдруг как-то сразу постарело. Во всём цари́ла страшноватая неопределённость. Несмотря на это, по улицам несли́сь «мерседесы» и «тойоты», в которых сидели абсолютно уве́ренные в себе́ молодые люди, и даже была, если верить газетам, какая-то вне́шняя политика.

По телевизору показывали те же самые ха́ри, от которых всех тошни́ло последние двадцать лет. Теперь они говорили то же самое, за что раньше сажа́ли других, только были намного твёрже, смелее и радика́льнее.*

Но Татарский никогда не был морали́стом*, поэтому его интересовала не так оценка происходящего, как проблема выжива́ния. Никаких свя́зей у него не было, поэтому он стал работать продавцом в комме́рческом* киоске. Работа была простой, но не́рвной.* Однажды у Татарского спросили пачку «Давидофф».

– Какой «Давидофф»? Простой или облегчённый? – спросил Татарский.

– Облегчённый, – ответил клиент и заглянул в окошко.

Татарский вздро́гнул. Это был его знакомый из Литинститута Сергей Морковин.

– Вова? – спросил Морковин удивлённо. – Что ты тут делаешь? Татарский не ответил.

– Понятно, – сказал Морковин. – А ну-ка пойдём отсюда к чёрту.

Они поехали в дорогой кита́йский ресторан «Храм Луны», поужинали, сильно выпили, и Морковин рассказал, чем он в последнее время занимается. А занимался он рекламой.

– Вова, сейчас особое время. Такого никогда раньше не было и никогда потом не будет. Лихора́дка, как на Клондайке. Через два года всё уже будет схва́чено. А сейчас есть реальная возможность вписаться в эту систему, придя с улицы. В Нью-Йорке полжизни кладут, чтобы встретиться с правильными людьми за обедом, а у нас…

Многое из того, что говорил Морковин, Татарский не понял. Но одно он понял хорошо, как функционирует бизнес с рекламой.

– Происходит это примерно так, – говорил Морковин. – Человек берёт кредит. На этот кредит он снима́ет офис, покупает джип* «чероки» и восемь я́щиков «Смирновской». Когда «Смирновская» кончается, выясня́ется, что джип разби́т, о́фис* заблёван, а кредит надо отдавать. Тогда берётся второй кредит – в три раза больше первого. Из него га́сится первый кредит, покупается джип «гранд чероки» и шестнадцать ящиков «Абсолюта». Когда «А…

– Я понял, – сказал Татарский. – А что в конце?

– Два варианта. Если банк, которому человек до́лжен, банди́тский*, то его в какой-то момент убивают. Так как других банков у нас нет, так обычно и бывает. Если человек сам бандит, то последний кредит переки́дывается на Государственный банк, а человек объявляет себя банкро́том.* Через некоторое время он начинает всё с начала.

– Ага, – сказал Татарский. – Но я не понял, какое отношение всё это имеет к рекламе.

– Вот здесь и начинается самое главное. Когда примерно

5	Bettler	
6	herrschte	
7	Ungewissheit	
8	sausten	
9	уве́ренный в себе́	selbstsicher
10	Außen-	
11	Fratzen	
12	war übel	
13	сажа́ть/посади́ть	einsperren; pflanzen
	härter	
17	das Überleben	
	связь, - и	Verbindung, Beziehung
20	light	
23	zuckte zusammen	
27	zum Teufel	
28	кита́йский	chinesisch
32	Fieber(schauer)	
33	aufgeteilt	
40	mietet	
41	я́щик	Kiste
42	выясня́ть/вы́яснить	klären, feststellen
	zu Schrott gefahren	
	vollgekotzt	
44	wird zurückgezahlt	
47	schuldet	
50	untergeschoben, untergejubelt	

58 Größenwahn
59 aus dem Gebüsch
появля́ться/появи́ться — auftauchen
62 Drehbuchautoren
64 Auftrag
удава́ться/уда́ться — gelingen
68 misstrauisch
70 Bruchteil
71 mit einem Hundeblick

половина «Смирновской» и «Абсолюта» ещё не выпита, джип ещё ездит, а смерть кажется далёкой и абстрактной, в человеке появляется чувство безграничного вели́чия, и он заказывает себе рекламный клип.* И тут из кусто́в появля́емся мы.

Татарскому было очень приятно услышать это мы.

– Есть несколько сту́дий.* Им очень нужны хорошие сценари́сты, потому что от сценариста сейчас зависит всё. Поэтому для студии, с которой ты работаешь, ты самый важный персона́ж.* От тебя зависит зака́з. И если тебе уда́стся загипнотизи́ровать* клиента, ты берёшь десять процентов от общей стоимости ро́лика.*

– А сколько стоит ролик?

– Обычно от пятнадцати до тридцати.

– Чего? – недове́рчиво спросил Татарский.

– Господи, ну не рублей же. Тысяч долларов.

Татарский за до́лю секунды сосчитал, сколько будет десять процентов от двадцати тысяч, и по-соба́чьи посмотрел на Морковина.

Так Татарский стал копира́йтером*.

Работайте с текстом

1. Как изменился мир вокруг Татарского?
2. Чем стал заниматься Татарский?
3. Что рассказал его знакомый из Литинститута?
4. Почему Морковин сравнивает ситуацию в России с «золотой лихорадкой»?
5. Как описал Морковин связь между бизнесом и рекламой?
6. Как описывает Морковин бизнесменов?

1 Ladentisch
3 Schildchen
6 ver-, abgepackt
7 Aufstand
цари́ть — herrschen
8 прибо́р — Gerät
9 Geister
11 *hier:* laut
12 wird (auf)gerufen
16 zuckte
17 Halter
18 Mitstreiter
22 экра́н — Bildschirm
23 управля́ть — regulieren, leiten
27 anderer Art

Однажды Татарский зашёл в магазин «Путь к себе». Над прила́вком висела чёрная майка с портретом Че Гевары и надписью «Rage Against the Machine!» Под майкой была табли́чка «Бестсе́лер* месяца!» Это было неудивительно – Татарский знал, что в области радикальной молодёжной культуры ничего не продаётся так хорошо, как интеллигентно расфасо́ванный и политически корректный бу́нт против мира, где цари́т политкорре́ктность* и всё расфасовано для продажи. Он купил майку и ещё какой-то прибо́р для контакта с ду́хами. Дома он прочитал инструкцию к прибору. Всё это казалось ему смешным, но он читал дальше.«Так, – подумал он, – а теперь что? Надо вслу́х говорить или нет?»

– Вызыва́ется дух Че Гевары. Вызывается дух Че Гевары, – сказал он и сразу же подумал, что надо не просто что-то сказать, а задать вопрос. – Я хотел бы узнать…ну, скажем, что-нибудь новое про рекламу. Чтоб больше всех понимать.

В ту же секунду прибор эпилепти́чески* задёргался и вставленная в па́з ручка начала писать:

…Сора́тники! Наступил тёмный век. И связано это с той ро́лью*, которую в жизни человека стали играть так называемые визуально-психи́ческие* генера́торы.* Например, телевизор. Когда телевизор выключен – это просто ящик, на который мы можем смотреть или нет. Когда мы смотрим на тёмный экра́н, то движение глаз управля́ется только нашими психическими процессами. Например, мы можем увидеть, что экран грязный. Или решить, что хорошо бы купить телевизор в два раза больше.

Но когда телевизор включают, он становится феноме́ном* совершенно друго́й приро́ды. И хоть смотрящий не видит метаморфо́зы*, она грандио́зна.* Телевизор исчезает как материальный объе́кт.* А зритель ощуща́ет себя́ в другом простра́нстве. Человек, который смотрит на выключенный телевизор, верит, что реа́льность* – это материальный мир. Человек, который смотрит на включённый телевизор, верит, что реа́льность* – это материальный мир, который показывают по телевизору.

Быстрое переключе́ние телевизора с одной программы на другую, чтобы не смотреть рекламу, называется заппинг (zapping). Так как переключение навя́зывается человеку рекламой, он переходит в состоя́ние Homo Zapiens. Переходя в состояние Homo Zapiens, он сам становится телепередачей, которой управляют дистанцио́нно.* И в этом состоянии человек проводит бо́льшую часть своей жизни.

Соратники! Положение человека сегодня не просто печа́льно, оно, можно сказать, просто отсу́тствует, потому что человека почти нет.

Кто же привёл человека к такому состоянию? Ответ ясен – никто. Чтобы понять эту ситуацию, вспомним, что главной причиной существования телевидения является его рекламная функция, связанная с деньгами.

Чёрная сумка, наби́тая па́чками стодо́лларовых* купю́р уже стала важным культурным символом и центральным элементом большинства книг и фильмов. Если сумки в фильме нет, то её функцию выполняют или так называемые «звёзды», или навя́зчивая информация о бюдже́те* фильма.

Любой и́мидж* имеет чёткое денежное выражение. И если он подчёркнуто некомме́рческий,* то сразу возникает вопрос, насколько он ценен коммерчески. В политике этот процесс называется телекра́тией* или медиокра́тией,* так как объектом выборов является телепередача.

Итак, подведём ито́ги. Происходит вытесне́ние ли́чности. На её месте появляется так называемая иде́нтиты* (идентиализм). Можно по-разному объяснить, что это такое, но это совершенно бессмысленно, так как реально никакого идентиализма нет.

Поэтому коне́ц све́та, о котором так долго говорили христиа́не*, будет абсолютно безопасен. Конец света будет просто телепередачей. И это, соратники, наполня́ет нас всех невырази́мым блаже́нством.

Че Гевара, гора Шумеру, вечность, лето

Виктор Пелевин, отрывок из романа Generation *«П», Москва, Вагриус, 1999*

29	empfindet sich	
30	простра́нство	Raum, Dimension
35	das Umschalten	
37	wird aufgezwungen	
38	состоя́ние	Zustand
40	den größten Teil	
42	печа́льный	traurig
43	отсу́тствовать	fehlen
49	vollgestopft	
	Päckchen	
	Geldscheine	
52	aufdringliche	
59	fassen wir zusammen	
	Verdrängung	
	ли́чность, -и	Persönlichkeit
61	бессмы́сленный	sinnlos
63	Weltuntergang	
65	erfüllt	
	unaussprechbar	
66	Glückseligkeit	

Работайте с текстом

1. Что узнал Татарский о сегодняшнем человеке от духа Че Гевары?
2. Как повлияло телевидение на сознание человека?

Следующий шаг

Как бы вы охарактеризовали жанр этого романа:
а) сатира, б) фантастика, в) (сюр)реализм?
Приведите аргументы.
Найдите языковые средства, подтверждающие ваше мнение.

Ваше мнение

Согласны ли вы с мнением, что коммерческая структура масс медиа формирует сознание человека сегодня? Приведите аргументы.

4 Из истории России

Посмотрите на фотографии и марки на коллаже. Прочитайте надписи на них. Что вы знаете об этих событиях? Дополните информацию на коллаже из других источников. Распределите события на коллаже в правильной исторической последовательности и расскажите о них.

Юрий Гагарин – первый человек в космосе.

.Демонстрация и парад на Красной площади 1-ого мая 1965 года.

Борис Ельцин, президент Российской Федерации, с русским флагом. 22 августа 1991

Пётр Первый отрезает бороду боярину-«реакционеру».

Даты, даты...

1000 · 1500 · 1900

882 - 1230 гг.
Киевская Русь – первое русское государство

988 г.
Принятие христианства на Руси

1223 - 1480 гг.
Татаро-монгольское иго (Joch), нашествие войск Чингисхана на Русь и установление татаро-монгольской власти

1380 г.
Битва на Куликовом поле – первая победа русских над татарами

1462 - 1505 гг.
Образование единого русского государства

1547 - 1584 гг.
Царствование Ивана Грозного (1530-1584)

1670 - 1671 гг.
Крестьянское восстание под руководством Степана Разина (1630-1671)

1689 - 1725 гг.
Царствование Петра Первого (1672-1725)

1762 - 1796 гг.
Царствование Екатерины II (1729 – 1796)

1773 - 1775 гг.
Крестьянское восстание под руководством Емельяна Пугачёва (1740/42-1775)

1812 г.
Отечественная война
Победа над Наполеоном

1825 г.
Восстание «декабристов»

1861 г.
Отмена крепостного права во время царствования Александра II (1818-1881)
Александр II был убит анархистами.

1905 г.
«Кровавое воскресенье» – Первая русская революция

1917 г.
1917 г., 26 февраля (11 марта) Февральская революция
Россия становится республикой

1917 г.
1917 г., 25 октября (7 ноября) Октябрьская социалистическая революция

1918 - 1922 гг.
Гражданская война между сторонниками большевиков – «красными» – и сторонниками царского режима – «белыми»

1922 г.
Образование СССР (Союз Советских Социалистических Республик)

1927 г.

Начало индустриализации и коллективизации

1936 - 1939 гг.

Массовые аресты и репрессии против населения

1940

1941 - 1945 гг.

Великая отечественная война

1953 г.

Смерть Сталина
Начало «Оттепели»

1956 г.

Тайный доклад главы КПСС на съезде партии: разоблачение культа личности Сталина

1956 - 1964 гг.

Годы временной либерализации во внешней и внутренней политике СССР при Никите Хрущёве

1956 г.

Разгром венгерского восстания

1957 г.

Советский «Спутник»– первый искусственный спутник Земли

1960

1961 г.

Юрий Гагарин – первый человек в космосе

1965 - 1985 гг.

Время «застоя»

1968 г.

Разгром «Пражской весны»

1980

1981 - 1989 гг.

Война в Афганистане

1985 г.

Назначение Михаила Горбачёва на пост генерального секретаря КПСС
Начало гласности и перестройки

1991 г.

1991г., август
Путч против перестройки
Борис Ельцин – первый избранный народом президент России.

1991 г.

1991 г., декабрь
Распад СССР
Образование нового государства: РФ (Российская Федерация)

1992 г.

Образование СНГ (Сообщество Независимых Государств)

1993 г.

1993 г., 3-4 октября
Вооружённые столкновения в Москве
Штурм* здания Верховного Совета войсками, верными президенту

2000

2000 г.

2000 г., март
Выборы нового президента РФ – Владимира Путина

1. Новгородская республика

Софийский собор в Новгороде. Здесь собиралось вече для решения важных вопросов.

«Кто против Бога и против Новгорода?» – так с гордостью говорили жители древнего Новгорода. Новгородская республика (1136 - 1478) с центром в Новгороде была одной из самых древних демократий в восточной Европе. Это было время жесто́ких междоусо́бных войн между русскими князьями. В хро́нике* Нестора есть за́пись о том, что новгородцы обратились к варя́гам* и попросили их прийти и вла́ствовать на русской земле: «Богата земля наша, но порядка на ней нет. Придите и пра́вьте нами». На эту просьбу пришли на Русь три брата со многими родственниками и сви́той. Эти варяги называли себя «рус». Говорят, что отсюда пошло название «Русь» и «русский». Самый старший из них Рюрик начал править в Новгороде. Через 20 лет его насле́дник правил в Киеве. Киев почти со своего основания был одним из самых больших и богатых городов восточной Европы и столицей Киевской Руси.

Новгород был богатым городом. Новгородские купцы́ занимались торговлей. Они торговали со шве́дами* и немцами. В 13 веке в Новгороде было основано торговое представи́тельство Га́нзы*. В городе жило много немцев и голла́ндцев*. Торговали новгородцы в основном золотом и меха́ми.

Главная власть в Новгороде принадлежала ве́че – собранию всех свободных граждан. Собрание собирали на центральной площади города. Оно решало вопросы самоуправле́ния, вне́шней и вну́тренней политики, вы́боров князя, изменения зако́нов. Вече утвержда́ло или отклоня́ло вопросы, которые предлага́л сове́т старе́йшин – своего́ ро́да парламент. Законом в Новгороде были гарантированы свобода и ра́венство каждого гражданина города – бедного или богатого. Перед законом были все равны.

Собирались граждане новгородские по звону ко́локола. До́ступ к колоколу имели все новгородцы.

Даже во время татаро-монгольского и́га Новгород оставался свободным.

Во время царствования Ивана Грозного Новгород был разрушен, а его жители уничто́жены. Так царь отомсти́л новгородцам за попы́тку сохрани́ть свою независимость во время образова́ния еди́ного русского государства со столицей в Москве.

Александр Смирнов

4	жесто́кий	brutal, grausam
	Fehden	
5	Notiz	
7	regieren	
8	regiert	
9	Gefolge	
12	Nachfolger	
15	купе́ц	Kaufmann
17	Vertretung	
19	мех	Pelz
22	Selbstverwaltung	
	вне́шний	Außen-
23	вну́тренний	Innen-
	вы́боры	Wahlen
	зако́н	Gesetz
24	утвержда́ть/утверди́ть	bestätigen
	lehnte ab	
	предлага́ть/предложи́ть	vorschlagen
	Ältestenrat	
25	eine Art	
26	ра́венство	Gleichheit
28	Glocke	
	Zutritt	
30	Joch	
33	уничтожа́ть/уничто́жить	vernichten
	rächte sich	
34	попы́тка	Versuch
	сохраня́ть/сохрани́ть	(auf-)bewahren
	Bildung, Entstehung	
35	Einheits-	

Грамматика

Передайте содержание первого абзаца в настоящем времени.

Работайте с текстом

1. Что вы узнали о Новгороде и его жителях?
2. Когда существовала Новгородская республика?
3. О чём сообщает хроника Нестора?
4. Откуда пошло слово «Русь»?
5. Расскажите о новгородской демократии.
6. Почему Иван Грозный разрушил Новгород и уничтожил его жителей?

Следующий шаг

Чем отличается Новгородское государство от современной демократии?

И

Иван Грозный

Иван Грозный (1547-1584) был последним царём из рода Рюриков. Он вёл войны, расширяя границы российского государства, завоевал Сибирь. Его опричники – прообраз тайной полиции – получили неограниченную власть грабить и убивать безнаказанно. Их боялись как бояре, так и простые люди. Однажды в приступе гнева Иван Грозный убил своего сына. Царствование Ивана Грозного было необыкновенно жестоким, что нашло отражение в его имени.

Илья Репин, «Иван Грозный и его сын Иван, 16 ноября 1581 года».

2. Окно в Европу

Во второй половине 17-ого века вместо устаре́вшего° слова Русь стали говорить Россия. Пётр Первый (1672-1725) расши́рил границы российского государства. Россия стала импе́рией, а Пётр назвал себя императо́ром*.*
Пётр решил модернизи́ровать Россию. Его симпатии западной цивилизации и необыкнове́нная во́ля сделали возможным проведе́ние ряда реформ. Историки говорят, что Пётр «проруби́л окно в Европу».*

Пётр был необычным ребёнком. Он очень быстро рос. Взрослым он был более 2-х метров ростом. Он был очень энерги́чным* и любозна́тельным. Ему нравилось узнавать новое. У него появлялась масса идей и фанта́зий*, которые он ещё ребёнком мог осуществля́ть. Например, он очень любил вое́нные игры. Игру́шками у него были моде́ли* всей московской военной артилле́рии*, пу́шки и пистолеты. Со своими друзьями он устра́ивал часто настоящие би́твы. Он делил друзей на два ла́геря* и малыши́° стреляли друг в друга я́драми из ко́жи. Име́ние, где Пётр жил с матерью, называлось Преобра-

Слова со значком ° образованы от уже известных вам слов.

2	erweiterte	
6	необыкнове́нная во́ля	außergewöhnlicher Wille
7	Durchführung	
	brach auf	
10	wissbegierig	
12	осуществля́ть/осуществи́ть	verwirklichen
13	Militär-Spielzeug	
14	Kanone	
15	устра́ивать/устро́ить	veranstalten
	Schlachten	
16	Kugel	
17	ко́жа	Leder
	Landgut	

женское. Позднее из этих игр возни́кли лучшие гварде́йские* полки́ России: Преображенский и Семёновский.

Другой стра́стью Петра с детства были различные ремёсла°. У него была мастерска́я° с различными инструментами для каменотёса, пло́тника, кузнеца́, столяра́. Когда он стал взрослым, он мог печатать книги, обраба́тывать° металл, был прекрасным плотником и мог ма́стерски* выдёргивать зубы.

Ещё Пётр очень любил море. Его первая лодка стала прообразом для будущего российского флота.

Многие из его друзей были иностранцами, пре́жде всего́, это были немцы и голла́ндцы*, которые жили в Москве. Пётр проводил с ними много времени и с большим интересом слушал их рассказы о западной цивилизации.

Почти все науки и ремёсла Пётр выучил сам. Но он был молодым человеком и, конечно, занимался не только книгами, а устраивал со своими друзьями кутежи́ и попо́йки. Это не нравилось его матери и она хотела, чтобы он жени́лся. В 1689 году, когда Петру не было ещё и 17 лет, царь женился на Евдокии Фёдоровне Лопухиной. Она была на 3 года старше его. Один историк так охарактеризовал её: «Не глупая, но безда́рная, кро́ткая, но ревни́вая, доро́дная и цвету́щая°, но не особенно красивая. Она была скучна, необразо́ванна и не любила иностранцев». Такая женщина не могла удержать° Петра около себя. Через три месяца царь уехал от неё к своим друзьям.

В 25 лет Пётр поехал в Европу инко́гнито*. Хотя инкогнито трудно себе представить с такой внешностью: более двух метров рост, на щеке́ – большая борода́вка, по лицу иногда пробега́ла су́дорога. Он побывал в Лондоне, Париже, Амстердаме, Копенгагене и других европейских городах. В Голландии он работал простым плотником на ве́рфи*. Он очень много путешествовал. За свои 50 лет он объездил° не только Россию, но и Западную Европу.

Пётр ненави́дел° старую Москву, где он в детстве пережил° страшные сце́ны*. Его симпатии Европе и его сильная воля привели́° к тому, что он решил модернизировать, европеизи́ровать* Россию. Это было нелегко. Реформы не находили симпатий среди людей. Пётр с необычайной жесто́костью проводил свои реформы. Он калькули́ровал* же́ртвы при строительстве флота и Петербурга. Люди погибали от холода, голода и кнута́*.

К важнейшим реформам Петра отно́сятся следующие: созда́ние° русского флота, регуля́рной* а́рмии*, реформы в зако́нах, создание книгопеча́тания°, основание новых отрасле́й промышленности, построение новой столицы, Петербурга, введе́ние нового календаря. Пётр непреры́вно вёл войны и расширил границы России.

Смерть Петра I была не совсем обычной для царя. Он спасал из холодной воды матро́сов*, лодка которых переверну́лась. После этого он простуди́лся и умер.

Наталья Иванова

Пётр Первый осматривает строительство новой столицы – С. Петербурга.

18 возника́ть/возни́кнуть	entstehen
Regiment	
20 страсть, *-и*	Leidenschaft
21 Steinmetz	
22 Zimmermann	
Schmied	
Tischler	
24 (heraus)ziehen	
25 Prototyp	
27 пре́жде всего́	vor allem
33 Gelage	
Besäufnisse	
34 жени́ться/по-	heiraten
37 talentlos	
sanftmütig	
eifersüchtig	
korpulent	
38 необразо́ванный	ungebildet
44 щека́	Wange
Warze	
bekam einen Krampf	
53 жесто́кость, *-и*	Brutalität
54 же́ртва	Opfer
56 относи́ться	*hier*: zählen
57 зако́н	Gesetz
58 Zweig	
59 Einführung	
60 ununterbrochen	
62 kenterte	
63 простужа́ться/простуди́ться	sich erkälten

Объясните следующие выражения по-русски:
а) прорубить окно в Европу, б) расширить границы.

Лексика

Работайте с текстом

1. Каким был Пётр в детстве?
2. Что особенно интересовало Петра в детстве?
3. Какими профессиями он владел, когда стал взрослым?
4. Откуда у Петра появился интерес к Западу?
5. Где побывал Пётр за границей?
6. Почему Пётр ненавидел старую Москву?
7. Перечислите реформы Петра.
8. Как он умер? О какой черте характера говорит его поступок?
9. Охарактеризуйте личность Петра.
   Какая черта характера Петра вам понравилась больше всего? Объясните почему.

Работайте в парах

Составьте диалог между Петром и его матерью на тему:
мать хочет, чтобы Пётр женился.

Ваше мнение

1. Пётр I проводил реформы, калькулируя жертвы.
   Согласны ли вы с таким методом проведения реформ?
2. Пётр уже был царём, но последовал совету матери и женился.
   Как вы оцениваете поведение молодого царя?

3. Пётр Кропоткин рассказывает...

1	Militär- слу́жба	Dienst
6	Schläge Rutenschläge	
7	жесто́кость, -и	Brutalität
	übertraf	
9	ergriff	
10	fesselte	
11	Bewachung beging Selbstmord	
12	Pferdewagen	
14	verbeugte sich Sünden	
16	причём	dabei
17	Verstorbener	
21	Kampfgeist	
23	бой	Schlacht
25	презира́ть zivil-	verachten
27	Ту́рция	Türkei
28	по́льзоваться/ воспо́льзоваться чем	(be-)nutzen
29	настрое́ние	Stimmung, Laune

При Николае II не было всеобщей вое́нной слу́жбы. Дворяне и купцы могли не служить в армии. Помещики должны были дать известное число ре́крут*.

Солдатская служба в то время была ужасна: она продолжалась 25 лет. Стать солдатом значило уехать из своей деревни и от родных и находиться в полной власти у команди́ра*. Побо́и, ро́зги случались каждый день. Жесто́кость при этом превосходи́ла всё, что можно себе представить.
Мрачный ужас охва́тывал наш дом, когда становилось известно, что кого-нибудь из слуг отправляют на военную службу. Его свя́зывали и сажали в контору под стра́жу, чтобы он не поко́нчил жизнь самоуби́йством. Затем к дверям конторы подъезжала теле́га и его выводили под стражей двух солдат. Все слуги окружали его. Он кла́нялся всем низко и просил каждого простить ему грехи́. Если родители рекрута жили в деревне, они приходили, чтобы проводить его. Рекрут кланялся родителям до земли, причём мать и родственницы начинали плакать как по поко́йнику: «На кого же ты покинул нас? Кто защитит нас? Кто же нас бедных от злых людей спасёт?»

Отец мой был типичный офицер того времени. Не то чтобы у него был особенный боево́й ду́х или он особенно любил военную жизнь. Не думаю даже, чтобы он провёл хотя бы одну ночь у бивуа́чного* костра или же участвовал хотя бы в одном бою́; но это не имело большого значения. Настоящим военным в то время был тот, кто любил военную фо́рму* и кто презира́л шта́тское платье.

Действительно он принимал участие в 1828 году в войне с Ту́рцией; но всё время он был в штаба́х*. И если мы дети, воспо́льзовавшись моментом, когда отец был в особенно хорошем настрое́нии, просили рассказать нам о войне, – он мог сказать нам

Опишите картину.
Как обращались помещики со своими крепостными?

И Население в 1858 году

Общее население Европейской России и Сибири составляло в 1858 году 64,4 миллиона человек.
Число крепостных составляло 23 миллиона.
Число дворян, владеющих крепостными людьми, составляло около 107 тысяч.

только то, как на него и на его верного слугу Фрола в то время, когда они проезжали деревню, напали десятки злых собак. Отцу и Фролу пришло́сь взяться за са́бли, чтобы освободиться от голодных животных. Конечно, нам больше бы хотелось, чтобы то были турки, но мы были довольны и собаками. Но когда после долгих угово́ров, отец рассказывал нам, за что он получил орден и золотую саблю, тут уж мы бывали совсем разочаро́ваны. История была очень прозаи́чна*. Офицеры генерального штаба квартирова́ли* в турецкой деревне, когда в ней начался пожа́р. Начали горе́ть дома, в одном из них был ребёнок. Мать плакала в страхе. Фрол, бывший всегда с отцом, бросился в огонь и спас ребёнка. Главнокомандующий, который видел этот посту́пок, тут же награди́л отца орденом за смелость.

– Но, папаша, – восклица́ли мы, – ведь это Фрол спас ребёнка!

– Так что же такое, – отвечал отец наи́внейшим* образом. – Разве он не мой крепостной? Ведь это всё равно.

Рассказы по русской истории, Москва, «Кстати», 1995

32 приходи́ться/ прийти́сь *(nur 3. Pers.)* — müssen
Säbel
34 Überredungen
36 enttäuscht
38 пожа́р — Brand
горе́ть — brennen
41 посту́пок (*Gen.* поступка) — Tat
zeichnete aus
42 riefen aus

Грамматика

1. Найдите в тексте глаголы с творительным падежом с предлогами и без предлогов.
2. Переведите предложения с этими глаголами.
3. Придумайте другие предложения с этими глаголами.

Работайте с текстом

1. Какой была военная служба при Николае II?
2. Опишите атмосферу в доме Кропоткиных, когда кого-то из слуг забирали на службу.
3. На примере отца Кропоткина расскажите, какими были тогда типичные офицеры.
4. Почему дети были разочарованы историей с собаками?
5. Какие истории они хотели бы услышать от отца?
6. За что отец получил орден?

Следующий шаг

Интерпретируйте ответ отца: «Разве он не мой крепостной? Ведь это всё равно».

4. Октябрьская социалистическая революция

Пропаганда…

Пришёл Октябрь. И свергли власть
Буржуев и дворян.
Так в Октябре мечта сбылась
Рабочих и крестьян.

Далась победа нелегко,
Но Ленин вёл народ.
И Ленин видел далеко,
На много лет вперёд.

… и действительность

Перед чтением

– Прочитайте стихотворение и надпись на марке.
– Как описывают революцию эти средства информации?
– Как описывают стихи Ленина?

Борьба за город, ещё никто не понимает, что это борьба за страну, происходит между 6-7 тысячами большевиков и 1500-2000 защи́тников Вре́менного прави́тельства. Огромный петроградский гарнизо́н* объявил себя нейтра́льным* и не вме́шивался. В 3.30 утра «Аврора» бросила я́корь у Николаевского моста и группа матросов, прогна́в патру́ль* Временного правительства, заняла мост. Зимний дворец, в котором работало Временное правительство, оказа́лся изоли́рованным* от города. Утром министры ещё не знали о том, что они потеряли власть.

Ленин (1870-1924) к этому времени знал, что победил. В 10 утра он обращается к гражданам России: «Временное правительство низло́жено. Дело, за которое боро́лся народ, – немедленное предложение демократического мира, отме́на поме́щичьей со́бственности на землю, рабочий контроль над произво́дством, создание советского правительства, – это дело обеспе́чено». Ленин знал, что власть, за которую он так долго боролся, у него в руках. Троцкий вспоминает, как, написав призы́в, Ленин оберну́лся с усталой улыбкой и сказал: «Переход от подпо́лья к власти. Es schwindelt». Ленин поднял руку, чтобы показать как кру́жится у него голова от доста́вшейся, наконец, власти. Ещё не был взят Зимний дворец, но во́ждь революции обязательно хотел объявить о победе на первом съезде советов. И Ленин шлёт снова записки членам Военно-революционного комитета (ВРК), требуя немедленного шту́рма*. Но тон уже меняется. В случае невыполнения приказа Ленин грози́т членам ВРК расстре́лом. Начинается новая э́ра*. Угро́за расстрела, а потом и сами расстрелы станут важнейшим элементом политики большевиков.

Взятие Зимнего заде́рживается: у красногвардейцев и солдат, составляющих армию восставших, нет особого желания штурмова́ть* дворец, тем более, что число его защитников с каждым часом становится меньше. Восставшие по одному́, по два проходят в Зимний дворец через незащищённый «чёрный ход». «Аврора» вы́стрелом даёт сигнал Петропавловской крепости открыть артиллерийский огонь по Зимнему: сделав около 30 выстрелов,

3 Verteidiger
provisorische Regierung
4 вме́шиваться/вмеша́ться — sich einmischen
5 Anker
6 verjagt
7 ока́зываться/оказа́ться — sich erweisen
12 gestürzt
боро́ться/по- — kämpfen
13 Abschaffung
14 Großgrundbesitz
Wirtschaft
15 обеспе́чивать/обеспе́чить — gewährleisten; sorgen für
17 Aufruf
drehte sich um
18 Untergrund
19 dreht sich
20 достава́ть/доста́ть — besorgen, beschaffen
21 Führer
22 Kongress
25 грози́ть/по- — drohen
Erschießung
26 (Be)drohung
28 verzögert sich
31 einzeln
32 Hintereingang
33 Schuss

артиллеристы попадают в цель всего два или три раза. Защитники Временного правительства вначале брали вошедших во дворец красногвардейцев в пле́н. Когда пле́нных стало много, они взяли в плен и разоружи́ли юнкеро́в. Красногвардеец Антонов-Овсеенко арестовал членов Временного правительства и отправил телеграмму Ленину: в 2.04 дня Зимний взят.

Октябрьский переворо́т был закончен. «Революция, – писал Ленин об Октябре, – иногда означа́ет собою чудо. Вышло чудо». Дважды в 1917 году власть в России падала от толчка́. Как в феврале, так и в октябре в критический момент правительство обнару́живало, что не имеет никакой подде́ржки, не имеет защитников. Разница между двумя революциями состояла в том, что в феврале царская власть была отменена спонта́нным* взры́вом недово́льства, а в октябре Временное правительство было све́ргнуто партией, управляемой человеком, знавшим чего он хочет, твёрдо убеждённым, что только он представляет законы истории, верившим, что он единственный понимает, что надо делать и куда идти, так как только он единственный полностью понял учение Маркса-Энгельса.

М. Геллер, А. Некрич, «Утопия у власти»

37 Gefangenschaft
Gefangene
38 entwaffneten
Offiziersschüler
41 Umsturz
42 bedeutet
43 Stoß, Ruck
45 обнару́живать/ обнару́жить — feststellen
подде́ржка — Unterstützung
47 *hier:* Ausbruch
48 Unzufriedenheit
gestürzt
50 überzeugt

Грамматика

1. От каких существительных образованы следующие прилагательные:
   а) петроградский, б) временный, в) зимний, г) демократический, д) помещичий, е) рабочий, ж) советский, з) военный, и) революционный?
2. Образуйте прилагательные к существительным:
   а) большевики, б) собственность, в) невыполнение, г) недовольство.
3. Найдите в тексте предложения, в которых есть причастия или деепричастия, и замените их другой грамматической конструкцией. Например: Группа матросов, прогнав патруль Временного правительства, заняла мост. – После того как группа матросов прогнала патруль Временного правительства, она заняла мост.

Работайте с текстом

1. Между кем велась борьба за город?
2. Как был взят Зимний дворец?
3. Какими методами Ленин руководил штурмом?
4. Почему Ленин называет революцию «чудом»?
5. Что вы узнали из текста о событиях в России в 1917 году?
6. Как выглядел штурм Зимнего в средствах пропаганды?
7. Как выглядел штурм Зимнего в действительности?

Умершие от голода на улицах Харькова, Украина.

Посмотрите на иллюстрации. Прочитайте, что написано на плакате. Что пропагандирует плакат? Сравните информацию на плакате с информацией на фотографии и в тексте «Перелом деревни».

5. Перело́м деревни

В 1930 году началась коллективизация. Крестьян заставля́ли вступать в колхоз (коллективное хозяйство) под угро́зой ссылки, конфиска́ции* иму́щества, лише́ния всех прав. В 1929 г. началось «раскула́чивание». Главный ло́зунг коллективизации – ликвида́ция* кула́чества как класса. Семьи кулаков лишались имущества, им не выдавали продуктов, они ссылались в северные районы. Сотни региональных крестьянских проте́стов* были жесто́ко пода́влены. Началось пасси́вное* сопротивле́ние. Люди просто не могли отдать в колхоз своё, нажито́е. Они стали убивать ско́т. За несколько месяцев было уничто́жено столько скота, что для восстановле́ния его нужны были десятилетия.

Но репре́ссии* продолжались. Власть хотела обезопа́сить себя навсегда от вспы́шек крестьянской акти́вности*. Колхозы могли пользоваться землёй только под контролем государства. Колхозники должны были работать за минима́льную* плату или бесплатно.

У колхозников не было паспортов. Этим они лишались права передвиже́ния. Не случайно сокраще́ние ВКП(б) – Всесоюзная Коммунистическая Партия (большевиков) – расшифро́вывалось народом как «второе крепостно́е пра́во большевиков». В деревне у крестьян забрали всё зерно́. Начался голод. Голод был организован созна́тельно. Власть отрица́ла этот факт.

Коллективизация очень осла́била страну.

За годы коллективизации было раскулачено около 1,8 миллионов крестьян. Все протесты против эксперимента большевиков в деревне рассма́тривались как антипарти́йные* и антисове́тские*. О ситуации в деревнях Сталину писали тысячи писем, которые остались без ответа.

История России, Островский, Уткин, 1995

	Zerstörung	
1	заставля́ть/заста́вить	zwingen
2	unter Drohung	
3	Besitz	
	Verlust	
4	Beseitigung der Großbauern	
	Parole	
5	Großbauerntum	
7	brutal unterdrückt	
8	Widerstand	
9	Hab und Gut	
	Vieh	
10	уничтожа́ть/уничто́жить	vernichten
	Wiederherstellung	
12	sichern	
13	Ausbruch	
17	Bewegungsfreiheit	
	Abkürzung	
18	wurde entziffert	
19	Leibeigenschaft	
20	Korn	
21	созна́тельно	bewusst
	stritt ab	
22	schwächte	
25	рассма́тривать/рассмотре́ть	betrachten

Работайте с текстом

1. Прочитайте ещё раз название текста. Найдите в тексте примеры, которые подтверждают факт перелома деревни.
2. Как проходила коллективизация?
3. Что такое «раскулачивание»?
4. Как крестьяне сопротивлялись коллективизации?
5. Почему власть жестоко подавляла крестьянские протесты?
6. Как называли крестьяне ВКП(б)? Почему?
7. Почему письма Сталину оставались без ответа?

Заключённые ГУЛАГа на строительных работах.

И Индустриализация

С начала 30-ых годов Россия стала индустриальным государством. Это развитие произошло за счёт продажи сырья́ (Rohstoffe) и продовольствия за границу, за счёт бесплатной рабочей силы миллионов заключённых (Inhaftierter) ГУЛАГа (Главное управление лагерей = Hauptverwaltung der Arbeitslager), дохо́дов (Gewinn, Einnahme), образующихся за счёт невыплаты колхозам за сельско-хозяйственную продукцию. Так образовался огромный капита́л*. На Западе покупалось импортное обору́дование (technische Ausrüstung) для заводов. С конца 20-х гг. экономика стала развиваться по Пятилетним планам. Строились кана́лы*, железные дороги, новые города, заводы и фабрики.

6. Письмо школьницы Нины Швецовой И. В. Сталину

Здравствуйте, дорогие товарищ Сталин!

Наш любимый во́ждь, учитель и друг всей счастливой Советской страны. Я шлю Вам сердечный привет и желаю Вам быть здоровым навсегда́.

Дорогие товарищ Сталин! Я слышала по радио о том, что в Советском Союзе жизнь детям очень хорошая. Они учатся в школах. Это, конечно, правда.

Дорогие товарищ Сталин, я и мой брат Александр не можем ходить в школу. Потому что, товарищ Сталин, нам не́чего е́сть. Корову и ло́шадь у нас отобра́л Куриловский сельский Совет в 1935 году. И вот уже второй год мы живём без коровы и лошади. Теперь мы живём без всякой скоти́ны, потому что на нас нало́жи́ли нало́г – 900 рублей. Такой налог мы платить не можем. Семья у нас, товарищ Сталин, 8 человек: 6 детей, самой старшей девочке 14 лет и самому младшему 2 года.

Дорогие Иосиф Виссарионович, в колхоз мы не вступи́ли, потому что отец мой инвали́д*. Земли у нас нет, сдали в колхоз в 1936 году.

Я, товарищ Сталин, хожу в школу в 4-ый класс, а брат мой тоже ходит в школу во 2-ой класс. Остальны́е не учатся, потому что ещё молоды. Сейчас в школу ходить мы не можем, потому что у нас нет еды, и к тому же у нас очень сильное малокро́вие.

Дорогой и любимый вождь счастливой страны, товарищ Сталин! Я думаю и надеюсь на Вас, что Вы поможете нам как-нибудь. Пишите, пожалуйста, мне ответ, я буду ждать очень, очень.

13 января 1937 года

История отечества, В.П. Дмитренко, В.Д. Есаков, В.А. Шестаков, 1995.

Опишите марку. Прочитайте надпись. Как можно представить себе жизнь детей по этой информации?

2 Führer
4 für immer
9 nichts zum Essen
10 Pferd
nahm uns weg
12 Vieh
besteuerten
16 вступа́ть/вступи́ть bei-, eintreten
19 остально́й übrig
21 Anämie, Blutarmut

Работайте с текстом

1. Как обращается девочка к Сталину? Почему?
2. О чём вы узнали из письма девочки
   а) о её семье, б) о её отце, в) о её братьях и сёстрах?
3. Что говорят по радио о жизни в Советском Союзе?
4. Какая жизнь у крестьян в реальности?
5. На что надеется девочка в будущем?

Ваше мнение

1. Почему, по вашему, девочка пишет письмо Сталину?
2. В то время Сталину шли миллионы писем со всех концов страны. Почему Сталин не реагировал на эти письма?

Verschwörer

7. Загово́рщики

Перед чтением

– Кто, по-вашему, может считаться заговорщиком?
– Против кого могут бороться заговорщики?

В 1937 году наша семья – отец, мать, я – старший, брат Лев – 10 лет и пятилетняя сестра Маргарита – жила на станции Кротовка Куйбышевской области.

В конце 1936/37 учебного года наш 9б класс сдавал экзамены. 25 мая была предэкзаменационная консульта́ция* по физике. Все собрались и ждали преподава́теля. Неожиданно вместо него в класс вошёл директор школы, а с ним человек в форме НКВД (Наро́дный комиссариа́т вну́тренних дел). Директор объявил, что консультация переносится на другой день, а вместо неё состоится бесе́да с работником политического отде́ла Куйбышевской железной дороги Артуняном. Все обрадовались, так как надеялись услышать интересную информацию от офице́ра*. Директор сел за парту, а политработник, став хозяином положения, насто́йчиво начал предлагать провести не беседу, а собрание. Сейчас я понимаю, зачем избрали прези́диум*, – нужен был официальный документ – протокол.

Артунян стал спрашивать у ребят об их отношениях с преподавателями, о настроениях, о дисциплине, сры́вах уроков. После долгого молчания наш комсомо́льский* организа́тор* Дронов Володя рассказал об одном случае: «Однажды группа ребят нашего класса – я, Конецкий, Сметанников, Ванцев, Кудинов – пошли в кино вечером. Посмотрев фильм, сели на последний ряд с тем, чтобы выяснить конфли́ктные* отношения с ребятами из паралле́льного* класса, так как они постоянно деру́тся, оскорбля́ют девочек. А я как раз прочитал книгу «Воспоминания американского школьника», где были описаны такие же отношения между ребятами, – так они там организовали свою группу и всегда побежда́ли. Поэтому я предложил в целях самозащи́ты создать свою та́йную группу. Поговорив об этом, мы больше никогда нигде о ней не вспоминали до сегодняшнего дня». «А что в этом плохого? – спросил Володя. – Нам ведь себя и девчонок надо было защища́ть». «Все ли пять человек этой тайной группы комсомольцы?» – спросил офицер. Ответили – да. На этом собрание закончилось.

В этот же день около шести часов вечера к нам домой пришёл милиционер с двумя соседями – свиде́телями и показали о́рдер* на о́быск квартиры и мой арест. При обыске нашли старые письма родителей, забрали много фотографий. Я попрощался навсегда с родителями, братом и сестрой и под конво́ем* милиции был привезён на вокзал, где увидел под таким же конвоем своих одноклассников. Нас четверых на старом това́рном по́езде привезли в тюрьму.

В ка́мере* сидели человек 120-130 вместо 30-40. В одиночных камерах находились 10-12 политических заключённых. Духота́, во́нь. Кормили один раз в сутки, давали жи́дкий, сва́ренный из рыбных или овощных отхо́дов, суп и недопечёный 300-граммовый кусок хлеба. В туалет и умываться водили раз в сутки, во дворе тюрьмы разрешалась прогулка минут десять. Примерно раз или два в месяц надзира́тели делали обыск, чтобы забрать запрещённые предметы: бумагу во всех видах, о́стрые предметы, газеты. Книг

6	преподава́тель	Lehrer
7	Staatssicherheitsdienst	
9	бесе́да	Gespräch
10	отде́л	Abteilung
13	beharrlich	
18	Störung	
24	sich raufen	
	beleidigen	
28	побежда́ть/победи́ть	siegen
	Selbstverteidigung	
29	geheim	
31	защища́ть/защити́ть	schützen, verteidigen
35	свиде́тель	Zeuge
36	Durchsuchungsbefehl	
40	Güterzug	
43	stickige Luft	
44	Gestank	
	жи́дкий	dünn, wässerig
	вари́ть/с-	kochen
45	отхо́ды	Reste, Abfälle
	nicht durchgebacken	
48	Aufseher	
49	о́стрый	scharf

читать не разрешалось. Отбирали даже сделанные из хлеба фигуры шахмат.

Так мы отсидели пять месяцев. И только в первой половине октября 1937 года я был вызван в кабинéт* начáльника тюрьмы, где он дал на подпись обвини́тельное заключéние, в котором я и мои товарищи обвиня́лись по 58-й политической статьé в организации тайной группы и агитáции* в школе против советской власти. Так в шестнадцать лет мы стали «врагами народа». Через несколько дней нас повезли в Куйбышев на закрытый сýд. Не прошло и часа, как суд принял решение и приговори́л В. Дронова, В. Конецкого, М. Сметаниикова к десяти годам, С. Ванцева и меня – к восьми годам тюрьмы. Родители, кроме моих (отец был уже политзаключённым, мать больна), узнав о таком суróвом приговоре, подали в Москву заявлéние о поми́ловании.

В конце мая 1938 года, уже в камерах Ульяновской тюрьмы, мы получили ответ на просьбу о помиловании. Приговóр был отменён. Суд приговорил каждого из нас по статье 74 (хулигáнство*) к одному году тюрьмы, но так как мы этот срок отсидели, нас освободили. Вскоре умерла мать, отец сидел в тюрьме, брат и сестра потерялись.

Ю. П. Кудинов, Книга памяти, Екатеринбург 1994

53 начáльник — Chef, Leiter
54 Anklageschrift
55 обвиня́ть/обвини́ть — anklagen
статья́ — Artikel
58 суд — Gericht
59 приговáривать/приговори́ть — verurteilen
62 сурóвый — hart, streng
63 Begnadigungsantrag
65 Urteil wurde aufgehoben

Лексика

Ответьте утвердительно или отрицательно в соответствии с текстом.

1. Семья состояла из пяти человек.
2. В школе была предэкзаменационная консультация по математике.
3. Володя Дронов рассказал об одном случае с родителями.
4. Ребята должны были прийти в милицию.
5. Кормили в тюрьме один раз в сутки.
6. Вначале их обвинили в организации тайной группы.
7. Потом ребят помиловали.

Работайте с текстом

1. Что произошло в конце учебного года в 9б классе?
2. Почему некоторые ребята хотели организовать тайную группу?
3. За что их арестовали?
4. Какие условия были в тюрьме?
5. В чём обвинили школьников?
6. Какой приговор вынес суд?
7. Как изменили приговор?
8. Что случилось с семьёй героя рассказа?
9. Разделите текст на смысловые части. Дайте заглавие каждой части.

Следующий шаг

Расскажите одну из частей текста от первого лица.

Письменное задание

Представьте, что вы герой рассказа. Напишите письмо родителям из тюрьмы о том, что вы ни в чём не виноваты.

8. Родина

Пётр Белов, «Песочные часы» (1988). Опишите картину. Кто изображён на плакате? Что символизируют песочные часы? Что вы знаете об этом историческом периоде?

Вот одна из популярных песен рок-группы ДДТ, темой которой является история России.

Боже, сколько лет я иду, но не сделал и ша́га!
Боже, сколько дней я ищу то, что ве́чно со мной!
Сколько лет я жую вместо хлеба – сыру́ю любовь!
Сколько жизней в висо́к мне плюёт воронёным ство́лом
Долгожда́нная да́ль.

Припев

Чёрные фа́ры у соседних ворот.
Лифт, нару́чники, по́рванный рот.
Сколько раз покати́вшись моя голова
С перепо́лненной пла́хи летела сюда, где родина.
Еду я на родину.
Пусть кричат «уро́дина», А она нам нравится.
1: Хоть и не / 2: Спя́щая / краса́вица, 1: Пока!
К сво́лочи дове́рчива, ну а к нам тра-ля-ля-ля…
Хей, нача́льник!

Припев

Боже, сколько правды в глазах государственных шлю́х
Боже, сколько веры в руках отставны́х палаче́й!
/ Ты не дай им опять заката́ть рукава́: / суетли́вых ночей.

Припев

Из-под чёрных руба́х рвётся красный пету́х
Из-под добрых царей льётся в рты мармела́д*.
Никогда этот мир не вмеща́л в себе двух.
Был нам богом отец, ну а чёртом…

Родина. Еду я на родину.
Пусть кричат «уро́дина»,
А она нам нравится.
Спящая краса́вица.
К сво́лочи дове́рчива, ну а к нам тра-ля-ля-ля…
Хей, начальник!

3	шаг	Schritt
4	ве́чный	ewig
5	kaue	
	сыро́й	roh
6	Schläfe	
	spuckt	
	schwarzer Lauf (einer Schusswaffe)	
7	lang ersehnt	
	Ferne	
8	Scheinwerfer	
9	Handschellen	
	zerrissener Mund	
10	herab-, heruntergerollt	
11	überfülltes Schafott	
14	пусть	soll doch, möge doch
	Missgeburt	
15	хоть	obwohl, selbst wenn
	Dornröschen	
16	Miststück, Schuft	
	gutgläubig	
17	нача́льник	Chef; Boss
19	Schlampe; Prostituierte	
20	pensionierter Henker	
21	die Ärmel hochkrempeln	
	hektisch	
23	Hemd	
	bricht hervor	
	Hahn	
24	fließt	
25	nahm auf	

Работайте с текстом

1. Найдите в тексте слова, описывающие родину.
2. Найдите в тексте слова, описывающие репрессии.
3. Как называет автор родину? Почему?

Следующий шаг

Сравните содержание плаката и текст песни. О какой теме в истории России они рассказывают?

9. Трагедия деревни Борки

1941-1945 – годы Великой отечественной войны, в которой погибло более 20 миллионов человек.
О страшной трагедии белорусской деревни, уничто́женной фашистами 15 июня 1942 года, рассказывают её жители. В тот день в Борках погибло 1800 человек.

Георгий Фролов:

До войны в Борках жило две тысячи человек. В деревне была школа, клуб, магазин. Когда фронт приблизился, мужчины ушли в регулярную армию или стали партизанами в ближайших лесах. За несколько дней до распра́вы в Борках они уничтожили две немецкие автомашины, и фашисты решили отомсти́ть за это местным жителям. Дви́нули рано утром зондеркома́нду*, команду преда́телей, и поли́цию*. В геста́по*, наверное, решили, что «бобикам» (так в Белоруссии называли полице́йских*) пора заниматься «настоящим делом».

Ефросинья Скадынец:

Как только мы были рядом с первым домом, конво́йры* взяли из толпы восемь человек и повели во двор. Вскоре послышались вы́стрелы, и я всё поняла. Мой старший сын попал в первый дом.

Сначала кара́тели загоня́ли в каждый дом по во́семь человек, затем стали брать по десять-двенадцать. Наверное, торопи́лись. Вскоре на улице осталась только я с двумя детьми. Немец толка́ет меня в спину винто́вкой, что-то кричит по-своему. Поняла, что он хочет загнать нас в пустой дом на смерть.

В это время Маркович, Скадынец и Козловский, которых загоняли в дом напротив, бросились бежать. За ними побежал и мой семилетний сын Коля. Немцы начали стреля́ть и на моих глазах убили Марковича с сыновьями, Леона Скадынца и моего Колю. Козловскому, как я узнала потом, удалось спастись.

Воспо́льзовавшись невниманием солдат, я с ребёнком на руках бросилась к своему дому. За мной побежал пятилетний сын Козловского. Я быстро подняла́ доски пола и мы втроём спрятались в подва́ле. Вскоре в дом вошли солдаты, принесли что-то и бросили. Когда немцы ушли, я подняла доску и увидела тру́п Маркевича. У двери лежал мой сын Коля.

Когда гитлеровцы снова вошли в дом, к несчастью, стал ка́шлять мой младший сын. Он был слишком мал, чтобы понять весь ужас происходящего, ему не было и года. Немцы подняли доску и три раза выстрелили под пол. Меня ра́нило в ногу, сынишке пу́ля пробила грудь, мальчик Козловского остался живым.

На какое-то время я потеряла созна́ние, а когда пришла в себя, в доме и на улице было тихо. С трудом выбралась из подвала, вы́тащила детей. Когда бежала к лесу, немцы стреляли в меня, но не попа́ли.

На следующий день я пришла в деревню, – со слезами заканчивает свой нелёгкий рассказ Ефросинья Борисовна. На площади лежали сгоре́вшие трупы. Нашла своих – мать, сына – и похорони́ла их на том месте, где был когда-то наш домик. А сама ушла к партизанам.

«Отчизна», Общество «Родина», Москва

3	уничтожа́ть/уничто́жить	vernichten
10	Massaker	
11	rächen	
12	führten heran	
	Verräter	
19	Schüsse	
20	Schergen	
	trieben hinein	
	по во́семь	je acht
21	торопи́ться/по-	sich beeilen
22	толка́ть/толкну́ть	stoßen, schieben
23	Gewehr	
27	стреля́ть/вы́стрелить	schießen
30	по́льзоваться/вос- чем	benützen, ausnutzen
32	hob an	
33	подва́л	Keller
34	Leiche	
36	husten	
39	ра́нить/по-	verletzen, verwunden
	Kugel	
41	созна́ние	Bewusstsein
43	тащи́ть/вы́-	schleppen, ziehen
44	попада́ть/попа́сть	treffen; geraten
47	горе́ть/с-	brennen
	beerdigte	

Работайте с текстом

1. Опишите деревню Борки до войны.
2. Почему гитлеровцы решили устроить расправу в Борках?
3. Как оказалась Ефросинья Скадынец с детьми в своём доме?
4. Что произошло в доме?
5. Как она смогла спастись ?
6. Что сделала Ефросинья Борисовна на следующий день?
7. Опишите чувства Ефросиньи Борисовны, когда она сидела в подвале с детьми.
8. Опишите чувства жителей деревни Борки к немцам.

Следующий шаг

Расскажите, как изменились отношения между русскими и немцами за послевоенные годы.

10. Время застóя (1965-1985 гг.)

Stagnation

1	попы́тка	Versuch
3	Führungsmethoden	
5	Vorrat	
	нефть, -и	Erdöl
	положéние	Situation; Lage
7	aufgeschoben	
8	entwickelt	
9	разви́тие	Entwicklung
	япóнский	japanisch
12	прéжде всегó	vor allem
13	Militär-	
14	постоя́нно	ständig
20	товáр	Ware
21	окáзывать/оказáть	ausüben; erweisen
	влия́ние	Einfluss
	сознáние	Bewusstsein
22	заменя́ть/замени́ть	ersetzen
23	доставáть/достáть	ergattern, beschaffen
	óчередь, -и	Schlange
24	Konsumkult	
25	Bestreben	
	обеспéченный	versorgt, materiell abgesichert

Экономическая ситуация в стране была тяжёлой. Попы́тки экономических реформ не имели успеха. Причины были в том, что мéтоды управлéния экономикой оставались такими же, как при Сталине. В начале 70-х годов в Западной Сибири были найдены огромные запáсы нéфти. Это спасло положéние. Экспорт нефти за границу дал государству «нефтедоллары». Негати́вные* результаты в экономике были отодви́нуты на 20 лет.

С начала 70-х годов в рáзвитых странах мира начался новый этáп* научно-технического разви́тия. Мир говорил о «япóнском чуде», о колоссáльных* возможностях компьютеризáции*, о технологии новых материалов, об автоматизáции* и роботизáции*. Конечно, в некоторых областях в СССР были успехи. Но, прéжде всегó, это были успехи в области космоса и воéнной экономики.

В газетах того времени постоя́нно говорили о грандиóзных* успехах СССР во всех областях промышленности. Но это было только в газетах. Люди не были мотиви́рованы* хорошо работать. Страха перед ГУЛÁГом (Главное управление лагерей) больше не было. А без этого механи́зма* тоталитáрный* режи́м* не мог заинтересовать людей в работе. Зарплата была почти у всех одинаково небольшая. Из продажи стали исчезать товáры. Нарастала апáтия*. Дефици́т* оказáл глобáльное* влия́ние на сознáние людей. Из лексикóна* людей исчезло слово «купить», его замени́ли словом «достáть». Вновь привычными стали многочасовые óчереди. В это же время официальная пропагáнда* вела борьбу с «вещи́змом», критикуя стремлéние людей к нормальной, обеспéченной жизни.

История России, Островский, Уткин, 1995

Первомайские демонстрации и военные парады на Красной площади – демонстрация экономических, военных успехов и счастливой жизни в СССР.

Лексика

Назовите антонимы к следующим прилагательным:
а) огромный, б) новый, в) постоянный, г) богатый, д) тяжёлый, е) негативный.

Грамматика

Образуйте предложения с этими прилагательными по содержанию текста.

Работайте с текстом

1. Почему экономические реформы в стране не имели успеха?
2. Что отодвинуло кризис в экономике в начале 70-х годов?
3. В каких областях в СССР были особенно большие успехи?
4. Почему люди не были мотивированы работать?
5. Почему официальная пропаганда вела борьбу с вещизмом?

Следующий шаг

1. Прочитайте и переведите анекдоты.
2. Передайте содержание каждого анекдота своими словами.
3. Какую проблему затрагивает каждый анекдот?

а) Брежнев: Я стар. Я ста-а-ар. Я супер - ста-а-ар!

Вопросы к «Радио Ереван» и ответы:

б) – Можно ли построить социализм в Саха́ре?
– В принципе, да. Только песка не будет.

в) – Что такое склеро́з* по-советски?
– Это когда человек идёт в магазин, по дороге открывает сумку, смотрит в неё и начинает мучи́тельно (angestrengt) вспоминать, идёт он в магазин или из магазина.

г) – С кем граничит СССР?
– С кем хочет, с тем и граничит.

д) – Что делать, если работать хочется?
– Полежите, пройдёт.

Прочитайте надписи на марке. Как звали первого человека, который полетел в космос?

11. Диссиде́нты*

Во времена застóя появилось движéние° диссидентов (от латинского слова диссиденс – несогласный). Это была радика́льная* форма протéста* режи́му*. Некоторые диссиденты публикова́ли* свои произведения за границей. Это называлось тамиздат. КГБ (Комитéт Госуда́рственной Безопа́сности) называл эти дéйствия «осóбо° опасным государственным преступлéнием». Другие ставили свои имена с адресами под письмами в защи́ту осуждённых или протестами против введéния войск в Чехословакию в 1968 году.

С 1968 года стал выходи́ть° машинопи́сный° информационный бюллетéнь * «Хрóника*». «Хроника» регистри́ровала* все известные случаи нарушéния прав человека в СССР. Здесь также печатались книги запрещённых авторов. В это время в самиздате (форма нелега́льного* распространéния литературы в советское время) появились произведения репресси́рованных* поэтов и писателей предреволюционного и советского времени – А́нны Ахма́товой, О́сипа Мандельшта́ма, Максимилиа́на Волóшина, Мари́ны Цвета́евой. Появлялись мемуáры* бывших у́зников ГУЛА́Га (Главное Управление лагерей). Благодаря́° музыкальному самиздату люди узнали песни Влади́мира Высóцкого, Була́та Окуджа́вы, Алексáндра

Слова со значком ° образованы от уже известных вам слов.

1 Stagnation
5 дéйствие — Handlung
6 преступлéние — Verbrechen
7 защи́та — Schutz
Angeklagte
8 Einmarsch der Truppen, Besetzung
11 Verstoß
12 запреща́ть/запрети́ть — verbieten
13 Verbreitung
17 Inhaftierte
GULAG (Hauptverwaltung der Arbeitslager)

Андрей Дмитриевич Сахаров (1921-1989) обращается к депутатам парламента в 1989 г. Вскоре после этого выступления Сахаров умер.

27 тюрьма́ Gefängnis
Besitz
30 Irrenanstalt (*umg.*)
32 Schlag
34 Nobelpreisträger
38 Akademiemitglied
39 verliehen
40 посто́янный ständig
41 missfiel
42 отрица́тельный negativ
48 восстановле́ние Wiederherstellung
49 stießen hinzu

Га́лича. Это была «магнитофонная революция», так как за́писи° на кассетах и сатири́ческие* выступления власти не могли контролировать.

В это время был создан Комите́т* прав человека в СССР, в который вошли Андрей Сахаров, Александр Солженицын, Александр Галич и другие. Комитет был основан как ассоциа́ция* авторов и не требовал регистра́ции* властями. Но государство продолжало репрессии. Людей сажали в тюрьму́ за хране́ние книг Михаи́ла Булга́кова и Андре́я Плато́нова. Активи́сты* правозащи́тного° движения все прошли через лагеря, тюрьмы и «психу́шки». В 1973 году за границей была опубликована книга Александра Солженицына «Архипела́г* ГУЛАГ» о сталинских лагерях. Эта книга стала сильным уда́ром по теории и практике коммунистического режима. Писатель был арестован и выслан на Запад. Страну должны были покинуть будущий лауреа́т Но́белевской пре́мии поэт Ио́сиф Бро́дский, писатели Андре́й Синя́вский, Влади́мир Макси́мов, режиссёры Андре́й Тарко́вский и Ю́рий Люби́мов, виолончели́ст* и дирижёр Мстисла́в Ростропо́вич.

Велась кампа́ния* против Андрея Сахарова. В 1974 году акаде́мику Сахарову была присуждена́ Нобелевская премия Мира, но ему не разрешили поехать и получить её. Сахаров посто́янно обращался к властям в защиту политических заключённых. Это раздража́ло власти, но арестовать Сахарова они не решались, боялись отрица́тельных реакций с Запада. Сахаров был сослан из Москвы в г. Горький (сегодня Нижний Новгород).

В диссидентском движении были представлены и защитники национа́льных* свобод. Большую роль играли активисты Прибалтики, Украины, Кавказа. Особое место занимала проблематика реабилита́ции* и восстановле́ния прав народов, репрессированных Сталиным. К оппози́ции* примыка́ли и религиозные течения: христиа́нские*, мусульма́нские*, иуде́йские*. Диссиденты требовали свободы передвиже́ния° и эмиграции.

История России, Островский, Уткин, 1995

Грамматика

Употребите слова в скобках в правильном падеже.
1. В стране появилось движение (диссиденты).
2. В тексте нет (латинское слово).
3. Кроме «Хроники» не было (другой информационный бюллетень).
4. Сколько (религиозные течения) было в оппозиции?

Работайте с текстом

1. Назовите некоторые акции диссидентов при советской системе.
2. КГБ называл издательство книг за границей «особо опасным государственным преступлением». Объясните, почему.
3. Как «наказывало» государство диссидентов?
4. Расскажите о судьбе Солженицына, Сахарова.

Ваше мнение

Как вы думаете, какую роль сыграло движение диссидентов для развития страны?
Почему к оппозиции примыкали религиозные течения?

12. Из протоко́ла* допро́са Иосифа Бродского

Иосиф Бродский (1940-1997) в 15 лет бросил школу, самостоятельно выучил английский и польский языки. Он занимался русской религиозной философией, греческой мифологией. Хотя он работал, в 1964 году его приговори́ли как «паразúта» к пяти годам тюрьмы. В 1972 году Бродского заста́вили уехать из страны. Он уехал в Америку, где преподавал в университете. Бродский писал стихи и на английском языке. В 1987 году Иосиф Бродский получил Нобелевскую премию в области литературы.*

Судья́: Кем вы работаете?
Бродский: Я пишу стихи, перевожу, де́лаю зая́вки.
Судья: Здесь вы не делаете никаких заявок. Встаньте как поло́жено. Смотрите сюда. У вас есть постоя́нная работа?
Бродский: Я думаю, что моя работа постоянная.
Судья: Отвечайте точнее!
Бродский: Я пишу стихи. Я думаю, что их опублику́ют.
Судья: Нас не интересует, что вы думаете. Отвечайте, почему вы не работали?
Бродский: Я работал, я писал стихи.
Судья: Это нас не интересует. Нас интересует в каких организациях вы работали?
Бродский: У меня были догово́ры с одним изда́тельством.
Судья: Назовите, какие договоры, какие суммы?
Бродский: Точно я этого не знаю. Мой адвокат это точно знает.
Судья: Я спрашиваю вас, а не вашего адвоката.
Бродский: В Москве были опубликованы 2 книги с моими переводами.
Судья: Сколько времени продолжалась ваша де́ятельность?
Бродский: Приблизительно…
Судья: Приблизительно нас не интересует.
Бродский: Пять лет.
Судья: Где вы работали?
Бродский: На фабрике, в геологических экспедициях.
Судья: Какой профессии вы обучались?
Бродский: Я поэт. Поэт-переводчик.
Судья: И кто вас в этом утверди́л, что вы поэт?
Бродский: Никто. Кто утвердил меня быть человеком?
Судья: Как вы этому научились?
Бродский: Чему?
Судья: Быть поэтом. Вы посещали какое-нибудь вы́сшее учё́бное заведе́ние?
Бродский: Я не думаю, что этому можно научиться.
Судья: А как же иначе?
Бродский: Я думаю, что это… (смущённо) от бога.
Судья: У вас есть просьба к суду́?
Бродский: Я хочу знать, почему я арестован.
Судья: Это не просьба, а вопрос.
Бродский: Тогда у меня нет никаких просьб.

18 февраля 1964 года

Ефим Эткинд, Русская лирика от Октябрьской революции до наших дней, 1984 г.

допрос	Verhör	
4	wurde verurteilt	
5	заставля́ть/заста́вить	zwingen
9	Richter	
10	Antrag stellen	
11	wie es sich gehört	
12	постоя́нный	ständig
15	man veröffentlicht	
21	догово́р	Vertrag
	Verlag	
27	де́ятельность, -и	Tätigkeit
35	утвержда́ть/утверди́ть	bestätigen
39	höhere Lehranstalt	
43	verlegen	
44	суд	Gericht

Работайте с текстом

1. В чём обвиняет судья Бродского?
2. Кем работал Бродский?
3. Почему судье не нравятся ответы Бродского?
4. Найдите в тексте места, где судья хочет уни́зить (erniedrigen) Бродского.

Следующий шаг

1. Стихи Бродского не были политическими. Почему же он был осуждён?
2. Перескажите текст от третьего лица

О себе

1. Назовите имена поэтов, стихи которых вам нравятся.
2. Пишете ли вы сами стихи? Расскажите, о чём вы пишете.

Какую проблему затрагивает карикатура? Что вы знаете об этом поли́тике?*

13. Гласность и перестройка (1985-1991 гг.)

2	нефть, *-и*	Erdöl
3	sinnlos	
	тра́тить/ис-	ausgeben
4	ору́жие	Waffe(n)
	unterentwickelt	
5	увели́чивать/увели́чить	vergrößern
	долг	*hier*: Schulden
6	выполне́ние	Erfüllung
	Fünfjahresplan	
7	ruhmlos	
12	уве́ренный	sicher, überzeugt
	verbinden	
	отсю́да	daher; von hier
14	verkündet	
18	производи́ть/произвести́	ausüben, ausführen

В 60-70 годы экономика держалась на торговле с Западом природными ресу́рсами*, главным образом не́фтью. Но 200 миллиардов «нефтедолларов» было безда́рно истра́чено кома́ндно*-бюрократи́ческой* системой. Экспорт ору́жия в слабора́звитые страны только увели́чивал их до́лг. К концу 80-ых годов рос кри́зис* в экономике. О выполне́нии очередной 12-ой пятиле́тки уже не говорили. О ней просто забыли. Так бессла́вно закончилась история плани́рования* по пятилеткам, ни одна из них, начиная с 1928 года, так никогда и не была выполнена.

Весной 1985 года «архитектор» перестройки Михаил Сергеевич Горбачёв начал первый эта́п* экономических реформ. Он был уве́рен, что можно соедини́ть социали́зм* с демократией. Отсю́да выражение Горбачёва «социализм с человеческим лицом».

В январе 1987 года была провозглашена́ новая политика Горбачёва – гласность. Сначала осторожно, затем всё смелее и смелее стали публиковать материалы о сталинских репре́ссиях*, о диссиде́нтах*, о проблемах в политике и экономике, о партии. Гласность произвела́ шо́ковый* эффе́кт*. Многие не могли и не хотели слушать правду об ошибках в прошлом. Другие не верили вообще ничему. Третьи утопи́чески* верили в идею неме́дленной и всео́бщей приватиза́ции*. Впервые зазвучали призы́вы перейти к ры́ночной эконо́мике. Но план рыночных реформ правительства к рынку не привёл. Затем был план «500 дней», который тоже не дал результа́тов*. Пусте́ли полки в магазинах. Люди хотели преврати́ть свои деньги в це́нности. Исчезли холодильники, телевизоры, ме́бель*. Постоя́нно что-то исчезало из магазинов. В 1989 году это был сахар, осенью того же года – чай, летом 1990 года – табак.

Летом 1989 года забастова́ли шахтёры в регио́нах* Кузбасса, Донбасса, Караганды. Причи́ной было ухудше́ние снабже́ния продуктами питания и промышленными товарами. Кроме того, была плохо обеспе́чена безопа́сность условий работы в шахтах. Шахтёры вышли на улицы и площади городов. Для многих людей эти забастовки были шоком. Они отвы́кли от забастовок. Долгие годы им говорили, что их социалистическая система лучше и в экономике, и в социальной и в духо́вной областях. Люди верили этим ми́фам*.

Перестройка породила революцию надежд. В обществе не было независимо мы́слящих людей, акти́вных*, самостоятельно де́йствующих гра́ждан. В такой ситуации политические авантю-ри́сты* тре́бовали порядка, сильной руки. Авторитет Горбачёва падал. Союзные Республики стреми́лись к суверените́ту* и выходу из СССР.

Всё это привело к пу́тчу* в августе 1991 года.

История России, Островский, Уткин, 1995

20 sofortig	
allgemein	
21 Aufrufe	
Marktwirtschaft	
24 wurden leer	
превраща́ть/преврати́ть	verwandeln
25 це́нность, -и	Wert(-sache)
26 постоя́нный	ständig
28 бастова́ть/за-	streiken
Bergmänner	
29 причи́на	Ursache
ухудше́ние	Verschlechterung
Versorgung	
31 gewährleistet	
Sicherheit	
33 отвыка́ть/отвы́кнуть	s. etw. abgewöhnen
35 geistig	
37 denkende	
38 handelnde	
граждани́н (*Pl.* гра́ждане)	Bürger
39 тре́бовать/по-	fordern
40 стреми́ться	anstreben

Работайте с текстом

1. Почему Горбачёв решил начать перестройку?
2. Почему политическая гласность произвела на многих шоковый эффект?
3. Расскажите о причинах шахтёрских забастовок.
4. Почему Горбачёв не пользовался популярностью в своей стране?

19 августа 1991 г. Ельцин обращается к жителям Москвы с призывом защитить перестройку.

После более семидесяти лет эпохи коммунизма с красными флагами – русский флаг.

Ещё одна попытка вернуться к старому порядку. Путч против Ельцина в октябре 1993 г..

14. Когда любовь без ответа

Перед прослушиванием

– Что для вас является родиной?
– Нужно ли любить родину? Аргументируйте ваш ответ.

Эти слова помогут вам понять текст.

призыва́ть/призва́ть aufrufen – россия́нин russischer Bürger – стесня́ться sich schämen, genieren – вое́нный Militär-, Kriegs- – опустоша́ть entleeren – склад Lager, Speicher – зёрнышко Körnchen – председа́тель Vorsitzender – ко́нюх Pferdepfleger – доя́рка Melkerin – слу́жба *hier:* Wehrdienst – ве́сить wiegen – ны́нешний heutig – полго́да halbes Jahr – созна́ние Bewusstsein – сре́дства ма́ссовой информа́ции Massenmedien – произво́дство Produktion – разви́тие Entwicklung – сожале́ть bedauern

Работайте с текстом

1. Что советует американская журналистка россиянам?
2. Почему автор письма говорит, что это обидно?
3. Какое отношение у автора к Родине?
4. С какого возраста автор работал в колхозе?
5. Как автор письма описывает жизнь в колхозе?
6. Что вы знаете об этом времени?
7. Что говорит автор о сегодняшней жизни в России?
8. Почему он говорит, что его любовь к Родине без ответа?

Н. Воронцов, г. Санкт-Петербург

Опишите карикатуру. Что хочет сказать автор?
Какие проблемы в постперестроечной России вам известны?

15. Идея для России

Разговор с писателем Даниилом Граниным

А какая национальная идея есть, например, у Италии? У Швейца́рии*? И какая должна быть у России? Мы вот восемьдесят лет жили с «национальной» или «интернациональной» идеей, строили «светлое будущее». Всё приносилось в же́ртву этой идее – принципы, милосе́рдие, собственные чувства, справедли́вость, семья, любовь. И любая «национальная», то есть о́бщая, идея – она всегда будет требовать жертв. Нет уж, одной такой идеи нам хвати́ло. Ведь есть же простые человеческие це́нности: любовь, семья, доста́ток, любовь к работе, какая-то интеллиге́нтность* жизни, отношения с друзьями, с детьми. Простые ценности, свя́занные с моим домом, с моей частной жизнью, которая у нас не имела никакой ценности – да её просто не было. У человека не было практически ничего своего, а было лишь общее. Так вот, дайте наконец нам жить своей частной жизнью. Ведь почему у нас такое безвре́менье на дворе? От той идеи, что была проти́вна человеческой природе, мы ушли, а к этой, простой идее частной жизни никак не приходим, ищем какую-то новую. Придём к ней – восстано́вится и общество, и его институты.

Россия должна заниматься Россией! Конечно, намного приятней и красивее – ездить в Страсбург, выступать на Совете Европы, заниматься проблемами решения международных конфли́ктов*. Это очень красиво и выгодно. Намного труднее и «невыгоднее» ездить в Псковскую губернию, решать, как построить дороги в далёкие деревни, как туда привозить хлеб, соль и сахар, что делать с этими несчастными деревнями. Этим заниматься неинтересно, невыгодно, неэффе́ктно*. Об этом вспоминают перед вы́борами. Россия должна заниматься Россией. Мы уже не великое государство, пора оставить эти иллю́зии*. Это сказка, которая построена на я́дерных голо́вках, а не на том, что у нас было больше счастливых людей и благополу́чных семей, чем в других странах. Не этим мы были велики. Что же теперь говорить о том, что нет гордости у масс? Человек гордится такой страной, в которой ему хорошо, спокойно живётся, хорошо работается, в которой безопасно и интересно его детям.

Виктор Костюковский, Санкт-Петербург, «Новые Известия»

5 же́ртва	Opfer
6 Barmherzigkeit	
справедлли́вость, *-и*	Gerechtigkeit
7 о́бщий	gemeinsam
9 хвати́ть (*nur 3. Pers.*)	ausreichen
це́нность, *-и*	Wert
10 Wohlstand	
12 свя́занный	verbunden
16 kultureller Stillstand	
feindlich	
19 wird wiederhergestellt	
27 вы́боры	Wahlen
29 Atomsprengköpfe	
30 wohlhabend	

Лексика

Найдите в тексте слова, обозначающие общечеловеческие ценности.

Работайте с текстом

1. Какие общечеловеческие ценности называет автор?
2. Какую роль играет для автора частная жизнь?
3. Какая национальная идея была у России в 20-ом веке?
4. Что должны делать политики, по мнению автора?
5. Какой страной человек может гордиться?

Ваше мнение

1. Согласны ли вы с мнением, что человек гордится такой страной, в которой ему хорошо жить?
2. Какие ценности играют важную роль в вашей жизни?

5 Другой значит друг

Посмотрите на фотографию. Где она сделана?
Людей каких национальностей вы видите?
Объясните, почему стоят знаки вопроса.
О чём, по-вашему мнению, пойдёт речь в этой главе?

1. Из конституции Российской Федерации

Мы, многонациональный народ Российской Федерации, соединённые общей судьбо́й на своей земле, утвержда́я права́ и свободы человека, гражда́нский мир и согласие, сохраня́я исторически сложи́вшееся государственное единство, исходя́ из общепри́знанных принципов равнопра́вия и самоопределе́ния народов, стремя́сь обеспе́чить благополу́чие и процвета́ние России, исходя из отве́тственности за свою Родину перед ны́нешним и будущими поколе́ниями, сознава́я себя частью мирового сообщества, принимаем КОНСТИТУЦИЮ РОССИЙСКОЙ ФЕДЕРАЦИИ.

Статья́ 65

1. В составе Российской Федерации находятся субъекты Российской Федерации:

Республика Адыге́я, Республика Алта́й, Республика Башкортоста́н, Республика Буря́тия, Республика Дагеста́н, Республика Ингуше́тия, Кабарди́но-Балка́рская Республика, Республика Калмы́кия, Карача́ево-Черке́сская Республика, Республика Каре́лия, Республика Ко́ми, Республика Мари́й Эл, Республика Мордо́вия, Республика Саха́ (Яку́тия), Республика Се́верная Осе́тия-Ала́ния, Республика Татарста́н (Татарста́н), Республика Тува́, Удму́ртская Республика, Республика Хака́сия, Чече́нская Республика, Чува́шская Республика;

Алта́йский кра́й, Краснода́рский край, Красноя́рский край, Примо́рский край, Ставропо́льский край, Хабаровский край;

Аму́рская область, Арха́нгельская область, [...] Сама́рская область, Сара́товская область, Сахали́нская область, Свердло́вская область, Смоле́нская область, [...] Чити́нская область, Яросла́вская область;

Москва́, Санкт-Петербу́рг – города федерального значения;

Евре́йская автоно́мная* область;

Аги́нский Буря́тский автономный о́круг, [...] Чуко́тский автономный о́круг, Эвенки́йский автономный о́круг, Яма́ло-Нене́цкий автоном-ный о́круг.

Статья 94

Федеральное Собрание – парламент Российской Федерации – является представи́тельным и законода́тельным о́рганом* Российской Федерации.

Статья 95

1. Федеральное Собрание состоит из двух пала́т – Совета Федерации и Государственной Думы.
2. В Совет Федерации входят по два́ представителя от каждого субъекта Российской Федерации: по одному́ от представительного и исполни́тельного органов государственной власти.
3. Государственная Дума состоит из 450 депутатов.

1	соединя́ть/соедини́ть	vereinigen
2	судьба́	Schicksal
	утвержда́ть/утверди́ть	bestätigen
	пра́во	Recht
3	гражда́нский мир	innerer Friede
	сохраня́ть/сохрани́ть	bewahren
3/4	entstanden	
4	исходи́ть из	ausgehen von
	allgemein anerkannt	
5	равнопра́вие	Gleichberechtigung
	Selbstbestimmung	
	стреми́ться	streben
6	обеспе́чивать/обеспе́чить	sichern
	благополу́чие	Wohlstand
	Wohlergehen	
7	отве́тственность, *-и*	Verantwortung
	ны́нешний	jetzig
8	поколе́ние	Generation
	sich verstehen	
	сообщество	Gemeinschaft
10	статья́	Artikel
22	край	Region
29	о́круг	Bezirk
34	repräsentativ	
	gesetzgebend	
37	пала́та	Kammer
39	по два	je zwei
40	по одному́	je ein
41	exekutiv	

Административно–территориальн
Центры административных единиц
МОСКВА
САНКТ-ПЕТЕРБУРГ
Города федерального подчинения
Граница полярных владений России
Границы регионов
Границы административных единиц
Масштаб 1:20 000 000
0 200 400 600 км
НОРВЕГИЯ
ШВЕЦИЯ
ФИНЛЯНДИЯ
БАРЕНЦЕВО МОРЕ
КАРСКОЕ
Новая Земля
Земля Франца-Иосифа
БАЛТИЙСКОЕ МОРЕ
Ботнический залив
Финский залив
Республика Карелия
БЕЛОЕ МОРЕ
Архангельская обл.
Ненецкий авт. округ
Республика Коми
Ямало-Ненецкий авт. округ
Ханты-Мансийский авт. округ
Тюменская обл.
Ленинградская обл.
ЭСТОНИЯ
ЛАТВИЯ
ЛИТВА
БЕЛОРУССИЯ
ПОЛЬША
ГЕРМАНИЯ
УКРАИНА
РУМЫНИЯ
МОЛДАВИЯ
ЧЕРНОЕ МОРЕ
АЗОВСКОЕ МОРЕ
ГРУЗИЯ
АРМЕНИЯ
АЗЕРБАЙДЖАН
ТУРЦИЯ
КАСПИЙСКОЕ МОРЕ
КАЗАХСТАН
МОСКВА
САНКТ-ПЕТЕРБУРГ
НИЖНИЙ НОВГОРОД
КАЗАНЬ
САМАРА
САРАТОВ
ВОЛГОГРАД
РОСТОВ-НА-ДОНУ
ВОРОНЕЖ
УФА
ПЕРМЬ
ЕКАТЕРИНБУРГ
ЧЕЛЯБИНСК
ОМСК
НОВОСИБИРСК
Республика Башкортостан
Республика Калмыкия
Удмуртская Респ.
Свердловская обл.
Ставропольский край
Краснодарский край
Ростовская обл.
Алтайский край
Республика Алтай
Флаги республик Российской Федерации
Республика Адыгея
Республика Алтай
Республика Башкортостан
Республика Бурятия
Республика Дагестан
Республика Ингушетия
Кабардино-Балкарская Республика
Республика Калмыкия
Республика Карелия
Республика Коми
Республика Марий Эл
Республика Мордовия
Республика Саха (Якутия)
Республика Северная Осетия-Алания
Республика Татарстан
Республика Тыва
Удмуртская Республика
Чеченская Республика
Чувашская Республика
Республика Хакасия
Цифрам
1 Чувашская Республика
2 Республика Адыгея
3 Республика Ингушетия
4 Чеченская Республика
5 Кабардино-Балкарская Республика

еление
...рный Ледовитый океан
Море Лаптевых
Восточно-Сибирское море
Чукотское море
Берингово море
Охотское море
Японское море
Новосибирские о-ва
Северная Земля
о. Врангеля
Берингов пролив
США
о. Св. Лаврентия (США)
Анадырский залив
Северный полярный круг
Чукотский авт. округ
Корякский авт. округ
Камчатская обл.
Командорские о-ва (РОССИЯ)
Петропавловск-Камчатский
залив Шелихова
Республика Саха (Якутия)
Таймырский (Долгано-Ненецкий) авт. округ
Эвенкийский авт. округ
Красноярский край
Хабаровский край
Амурская обл.
Сахалинская обл.
Приморский край
Еврейская авт. обл.
Республика Бурятия
Республика Тыва
Курильские о-ва (РОССИЯ)
о. Сахалин
Шантарские о-ва
о. Ионы (Хаб. край)
о. Хоккайдо
о. Хонсю
Япония
Китай
Монголия
КНДР
оз.Таймыр
оз.Байкал
Хатанга
Тура
Мирный
Якутск
Верхоянск
Тикси
Певек
Анадырь
Сеймчан
Магадан
Охотск
Палана
Тында
Бодайбо
Братск
Иркутск
Усть-Ордынский
Улан-Удэ
Чита
Агинское
Благовещенск
Биробиджан
Хабаровск
Комсомольск-на-Амуре
Южно-Сахалинск
Владивосток
Хайлар
Ичунь
Цицикар
Саппоро
Сендай
Лена
Анабар
Оленёк
Вилюй
Алдан
Амга
Яна
Индигирка
Колыма
Олёкма
Витим
Ангара
Подкаменная Тунгуска
Ниж. Тунгуска
Котуй
Хета
Шилка
Аргунь
Амур
Зея
Уссури
Сунгари
Селенга
оз.Ханка
обозначены :
Карачаево-Черкесская Республика
Республика Северная Осетия-Алания
Коми-Пермяцкий авт.округ
9 Усть-Ордынский Бурятский авт. округ
10 Агинский Бурятский авт. округ
Примечания:
1) Названия областей, одноименные с их центрами, на карте не подписаны, кроме Архангельской и Тюменской областей, в состав которых входят автономные округа.
2) Граница между Республикой Ингушетия и Чеченской Республикой на карте не показана. В соответствии с Законом РФ «Об образовании Ингушской Республики в составе Российской Федерации» от 4 июля 1992 г. для подготовки правовых и организационных мероприятий по государственно-территориальному разграничению установлен переходный период.

Лексика

Найдите важные понятия международного права в преа́мбуле* конституции.

Грамматика

Найдите в тексте все причастия и деепричастия и определите их форму.
Назовите глаголы, от которых они образованы.

Г Образование причастий
(Bildung der Partizipien)

	действительные причастия	страдательные причастия
	настоящее время	
	Partizip Präsens Aktiv	Partizip Präsens Passiv
писать пиш-ут (3 л. мн.чл.)	пишущий,-ая,-ее,-ие	читать чита-ем (1л.мн.чл.) читаемый,-ая,-ое,-ые
читать чита-ют (3 л. мн. чл)	читающий,-ая,-ее,-ие	любить люб-им (1л.мн.чл.) любимый,-ая,-ое,-ые
кричать крич-ат (3 л.мн.чл.)	кричащий,-ая,-ее,-ие	видеть вид-им (1л.мн.чл.) видимый,-ая,-ое,-ые
говорить говор-ят (3 л.мн.чл.)	говорящий,-ая,-ее,-ие	
	прошедшее время	
	Partizip Präteritum Aktiv	Partizip Präteritum Passiv
читать чита-л	читавший,-ая,-ее,-ие	1. прочитать прочитанный, -ая,-ое, -ые
говорить говори-л	говоривший,-ая,-ее,-ие	2. обидеть обиженный, -ая, -ое, -ые
		3. взять взятый, -ая, -ое, -ые

Работайте с текстом и с картой

1. Какие субъекты входят в состав Российской Федерации?
2. Назовите народы, которые вы уже знаете.
3. Найдите вышеназванные субъекты Федерации на политико-административной карте России и выпишите их столицы.
4. Нарисуйте схему российского парламента.
5. Какая важная структура власти не названа в тексте?

2. Как решить национальные вопросы?

Интервью с Галиной Старовойтовой, депутатом Госдумы. Галина Старовойтова была убита в декабре 1998 г. в Санкт-Петербурге.

Как вы относитесь к отме́не «5-й графы́» о национальности в российских паспортах?
Во всех странах, где строится гражда́нское общество, национальность не принимается во внимание в официальных документах. Но сегодня мы ста́лкиваемся с тем, что и представи́тели национальных меньшинств, и представители этни́ческого* большинства боятся отмены «5-й графы» в паспорте. При этом возника́ет ло́жное ощуще́ние гордости за принадле́жность к своему народу. Один гордится, что он русский, кто-то гордится, что он евре́й. Но чем тут

6 отме́на	Abschaffung
7 Rubrik, Spalte	
9 гражда́нский	zivil; bürgerlich
11 ста́лкиваться/столкну́ться с чем	auf etwas stoßen
представи́тель	Vertreter
13 возника́ть/возни́кнуть	entstehen
ло́жный	verlogen
14 ощуще́ние	Empfinden
принадле́жность, -и	Zugehörigkeit
15 Jude	

гордиться? То, что тебе случилось родиться от таких родителей и в таком месте, само по себе не является достижением. Надо гордиться и́стинными заслу́гами, своей ли́чностью, своими посту́пками. Я считаю, что «5-я графа» не нужна, потому что мы строим гражданское общество, где люди должны быть равны́ незави́симо от национальности.

У представителей республик чувство национального самосозна́ния гипертрофи́ровано* до того, что они могут взяться за ору́жие.

Это значит, во-первых, что государство до сих пор не создало им ощущения безопа́сности среди домини́рующей* нации. Во-вторых, они до сих пор ощущают культурную дискримина́цию*. Значит, народ ещё не получил возможность по́лностью раскры́ть свой творческий потенциа́л*. И вот к этому мы должны стремиться, а не к тому, чтобы фикси́ровать* в милицейских документах национальность. Тем более что 17% семей в Советском Союзе были сме́шанными, и люди росли часто не в своей этнической среде́, их родной язык не совпада́ет с их национальностью. Человека заставля́ют идентифици́ровать* себя в паспорте с каким-то народом, хотя он просто гражда́нин России – россиянин.

Хотя официально было объявлено, что национальный вопрос у нас решён, но дискримина́ция* по национальному признаку есть и сегодня. Когда милиция ловит на улицах брюне́тов*, а не бандитов, то это уже не национальный, а ра́совый* подхо́д.

А что русские?

Может показаться парадокса́льным*, но так болезненно на отмену «5-ой графы» реагируют не только национальные меньшинства, но и представители таких кру́пных многомиллионных народов, как тата́ры* и даже сами русские, которые составляют не менее 85% населе́ния России. По международным нормам, начиная с Международного статистического конгресса, который проходил в Санкт-Петербурге в 1872 г., национальность при пе́реписи населения определя́ется исключи́тельно по самосознанию людей, а не по крови, не по национальности отца или матери. В СССР же была принята практика, когда по достижении 16-летнего возраста и получении паспорта вы могли выбрать национальность только одного из родителей.

С одной стороны, вы объясняете, почему «5-я графа» не нужна, с другой очеви́дно, что ущемлённые национальности без неё сейчас не смогут.

Надо идти другим путём: принять законы, защища́ющие права меньшинств. Открове́нным разговором, повседне́вной политикой убеждать людей в том, что отме́тка в паспорте это не главное для сохранения их национальной культуры. Кста́ти, национальность не является прирождённым сво́йством человека. Она образуется в процессе этниза́ции*, социализа́ции* личности, она зависит от того, в какой культурной среде вы выросли. В принципе нация – это не биологическая отметка, с которой ты рождаешься и живёшь до самой смерти. Люди принимают другую религию, начинают говорить на другом языке, вступают в брак с представителями другой национальности и полностью осва́ивают новую культуру. Екатерина Вторая – немка, урождённая немецкая принцесса – стала великой русской царицей и, конечно же, ощущала себя русской, приняла правосла́вие, говорила по-русски. Очень много сделала для России. Эрмита́ж* основала, например.

18	и́стинный	wahr
	заслу́га	Verdienst
	ли́чность, -и	Persönlichkeit
	посту́пок (*Gen.* поступка)	Tat, Handlung
20	ра́вный, равны́	gleich
	незави́симый	unabhängig
23	Selbstbewusstsein	
24	ору́жие	Waffe

26	безопа́сность, -и	Sicherheit
28	по́лностью	völlig
	раскрыва́ть/раскры́ть	entfalten
32	Mischehe	
	среда́	Milieu; Mittwoch
33	совпада́ть/совпа́сть	zusammenfallen
35	гражда́нин (*Pl.* гра́ждане)	Bürger
39	Zugang, Methode	
43	кру́пный	groß
45	населе́ние	Bevölkerung
47	Volkszählung	
48	определя́ть/определи́ть	bestimmen
	исключи́тельный	ausschließlich
54	очеви́дно	offensichtlich
	an den Rand gedrängt	
56	защища́ть/защити́ть	verteidigen
57	открове́нный	offen
	alltäglich	
58	Notiz, Markierung	
59	кста́ти	übrigens
60	angeboren	
	сво́йство	Eigenschaft
66	sich aneignen	
67	geborene	
69	правосла́вие	orthodoxer Glaube

Друзья.
Домашние животные играют большую роль в жизни народов Севера.

21	дово́енный	Vorkriegs-
23	Truppen	
26	выселя́ть/вы́селить	aussiedeln
27	включа́я	einschließlich
28	Militärangehörige	
32	добива́ться/доби́ться чего	streben nach, kämpfen für
38	влия́ние	Einfluss
	Ту́рция	Türkei
40	обвине́ние	Beschuldigung
	де́ятельность, *-и*	Tätigkeit
42	прави́тельство	Regierung
43	Bündnispartner	
46	отменя́ть/отмени́ть	abschaffen
	angesetzte	
48	Aufenthaltserlaubnis	
50	verschärft	
52	am Vortag	
53	sperrten	
55	избира́ть/избра́ть	wählen
57	проявля́ть/прояви́ть	zeigen
	равноду́шие	Gleichgültigkeit

В дово́енное советское время Крым стал автономной республикой в составе России. Во время Второй мировой войны, когда немецкие войска́ вошли в Крым, часть крымских татар стала с ними сотрудничать. После того как советские войска вошли в Крым в 1944 году, всё татарское население (200 тысяч человек) было вы́селено из Крыма. Крымских татар отправили в Среднюю Азию, Приуралье и Верхнее Поволжье. Выселяли всех, включа́я и семьи советских военнослу́жащих.

В 1954 году руководитель советского государства Никита Хрущёв отдал Крым Украине.

Во время горбачёвской перестройки татары, выселенные из Крыма, стали добива́ться своего возвращения. Вначале они проводили митинги в Москве, а с 1994 года начали активно возвращаться в Крым. В 1999 году в 2-миллионном Крыму проживало уже 270 тысяч татар, из которых примерно 100 тысяч ещё не получили гражданство Украины и являлись гражданами Узбекистана, откуда в основном и приехали. Одновременно стало расти влия́ние Ту́рции. Ли́дер* крымских татар – председатель крымско-татарского парламента Мустафа Джемилёв. Он семь раз сидел в тюрьме по обвине́нию в антисоветской де́ятельности. О Джемилёве написаны десятки книг и сотни статей, а в Турции о нём поют песни.

Сначала прави́тельство Украины видело в крымских татарах своих политических сою́зников в борьбе с русским большинством в Крыму. Но потом украинские власти испугались того, что Турция – сосед Украины по Чёрному морю – поддерживает движение крымских татар и отмени́ли обе́щанную кво́ту* в 14 мест для крымских татар в Верховном Совете Крыма. Кроме того, татары, не имеющие кры́мской пропи́ски, не получили права голоса на выборах (в марте 1998 году) в Верховный Совет Крыма. Одновременно была ужесточена́ и процеду́ра* получения украинского гражданства и прописки в Крыму.

Накану́не мартовских выборов 1998 года в Верховный Совет Крыма тысячи татар в знак протеста перекры́ли автомагистра́ли* Крыма и железную дорогу. Выборы прошли спокойно. В Верховный Совет не был и́збран никто из татар. Сегодня татары составляют только 12% всего населения Крыма.

Россия проявля́ет полное равноду́шие как к судьбе крымских татар, так и к русскому населению в Крыму. Она всё больше теряет своё влияние в Крыму, где пока ещё находится российская военно-морская база в Севастополе.

По материалам из Интернета, май 1999

Сегодня ненцы опять могут вести свой традиционный образ жизни – кочевников.
Деревня в Ненецком автономном округе.

Лексика

Выпишите из текста все слова к теме «национальная политика».

Грамматика

Образуйте предложения, сохраняя порядок слов.
1. Татары - делиться - на - разный - группа.
2. После - монгольские - походы - XIII век - их территория - входить - в - Золотоордынское - государство.
3. Крымский - ханство - жить - за счёт - набеги - на - Россия - Польша - Украина.
4. Всё - татарский - население - быть - выселить - из - Крым.
5. С - 1994 - год - татары - стать - активно - возвращаться - в - Крым.
6. В - Турция - о - он - петь - песни.
7. Никто - из - татары - не - быть - избирать - в - Верховный Совет.

Работайте с текстом

1. Составьте историческую таблицу на тему «История крымских татар».
2. Опишите, как исторически возникла Республика Татарстан.
3. К каким государствам принадлежал полуостров Крым? К какому государству он принадлежит сегодня?
4. Что вы узнали из текста о национальной политике Сталина?
5. Что изменила перестройка в судьбе выселенных народов СССР?
6. Опишите сегодняшние проблемы крымских татар.
7. В чём заключаются интересы Украины в Крыму?
8. Как Россия относится к крымским проблемам? Почему?

Следующий шаг

Сталинская политика выселения народов лежит и сегодня в основе многих национальных конфликтов на территории бывшего Советского Союза.
Проиллюстрируйте этот тезис на примере крымских татар.

И

Национальная политика Сталина

Во время Великой Отечественной войны (1941-1945) из родных мест были выселены в Сибирь и в Среднюю Азию за «сотрудничество с фашистами»:

из Поволжья	немцы: 774 000 чел.
из других мест	немцы: 121 000 чел.
из Крыма	татары, болгары, греки: 194 000 чел.
с Кавказа	чеченцы и ингуши: 400 000 чел.
	карачаевцы: 60 000 чел.
	балкарцы: 33 000 чел.
с Каспийского моря	калмыки: 82 000 чел.

Всего было выселено 2 463 940 чел.

	завеща́ние	Testament

Слова со значком ° образованы от уже известных вам слов.

1	geborene	
2	Kaufmann	
3	wurden ausgesiedelt	
4	части́чный	teilweise
5	jüdisch	
	verwitwet	
8	кре́пкий	kräftig, stark
	стуча́ть/по-	klopfen
9	мо́крый	nass
	плащ	Regenmantel
	мехово́й	Pelz-
10	впуска́ть/впусти́ть	hereinlassen
14	schütteres Schnurrbärtchen	
20	племя́нник	Neffe
21	зага́дка	Rätsel
	неожи́данный	unerwartet
22	па́чка	Päckchen
26	собы́тие	Ereignis
	действи́тельный	wirklich; gültig
27	etwas ganz Außergewöhnliches sein	
29	Kutscher	
30	machte ausfindig	
34	погиба́ть/поги́бнуть	umkommen
35	движе́ние	Bewegung
36	шаг	Schritt
41	Wassergrabenwart	
	Bewässerungsgraben	
42	собира́ться/собра́ться	packen
43	нача́льница	Chefin
44	zusammenpacken	
	heulte wie ein Schlosshund	
45	bekam einen Schlaganfall	
46	humpelte	
	криво́й	schief
	unverständlich	
47	прика́з	Befehl
	abholzen	
48	Nussbaumhaine	
	сажа́ть/посади́ть	pflanzen
	baten, flehten	
49	чуде́сный	wunderbar
	урожа́й	Ernte
50	убива́ть/уби́ть	töten
	Zweige	
	noch unreif	
	плод	Frucht
51	вдоль чего	entlang
	verbrennen	

5. Завеща́ние Медеи

Медея Мендес, урождённая Синопли, родилась в 1900-ом году в семье греческого купца́ в Феодосии в Крыму. В 1944 году, когда из Крыма выселя́ли тата́р, армя́н*, болга́р* и гре́ков*, её не выселили, части́чно из-за испа́нской* фамилии, которую она получила от еврейского мужа Самуила Мендеса. Овдовевшая Медея в 1976 году готовится к лету, когда к ней по старой традиции приедут в гости многочи́сленные° родственники.*

В середине апреля в дверь кре́пко постуча́ли. Медея открыла. За дверью стоял молодой человек в мо́кром плаще́ и мехово́й шапке. Медея впусти́ла его в дом.

– Вы Медея Георгиевна Синопли? – спросил молодой человек.

– Да, это я, хотя уже сорок лет ношу другую фамилию, – улыбнулась Медея. Молодой человек был приятной внешности, со светлыми глазами и чёрными жи́дкими у́сиками.

– Раздевайтесь.

– Извините, я как снег на голову. Равиль Юсупов, из Караганды.

Всё дальнейшее, что произошло в этот вечер и в эту ночь, было описано Медеей в письме, написанном, наверно, на следующий же день, но не отправленном.

Много лет спустя оно попало в руки племя́ннику Георгию и объяснило ему зага́дку совершенно неожи́данного завещания Медеи, найденного им в той же па́чке бумаг и дати́рованного* одиннадцатым апреля семьдесят шестого года. Письмо было следующее:

«Дорогая Еленочка! Хотя отправила тебе письмо всего неделю тому назад, произошло одно собы́тие, которое действи́тельно выхо́дит из ря́да вон, и об этом я и хочу тебе рассказать. Это из тех историй, начало которым положено очень давно. Ты помнишь, конечно, изво́зчика Юсима, который привёз тебя в Феодосию в декабре восемнадцатого года? Представь себе, меня разыска́л его внук. История совсем обыкновенная: их выселили только после войны, когда Юсима уже не было в живых. Мать Равиля с четырьмя детьми отправили в Караганду, это при том, что отец этих детей поги́б на фронте. Потом Равиль мне сказал, что он участник движе́ния за возвращение татар в Крым, что они давно уже начали и официальные и неофициальные шаги́.

Он расспрашивал° меня о старом татарском Крыме с большим интересом и даже записывал на магнитофон, чтобы мой рассказ могли услышать его казахстанские и узбекские татары. Я рассказала ему, что помнила, о бывших моих соседях по деревне, о дедушке Ахмете-ары́чнике, который с утра до вечера чистил ары́ки, о том, как выселяли здешних° татар, в два часа, не дав и собра́ться, и как Шура Городкова, партийная° нача́льница, сама их выселяла, помогала вещи скла́дывать и пла́кала в три ручья́, а на другой день её разби́л уда́р и она перестала быть начальницей, но лет десять ещё ковыля́ла с кривы́м лицом и невня́тной речью. Рассказала я ему и о том, как в сорок седьмом, в августе, пришёл прика́з вы́рубить здешние оре́ховые ро́щи, татарами поса́женные. Как мы ни умоля́ли, пришли дураки и вырубили чуде́сные деревья, не дав и урожа́я снять. Так и лежали эти убитые деревья, все ве́тви в недозре́лых плода́х, вдо́ль дороги. А потом пришёл приказ их сже́чь. И мы сидели и плакали, глядя на этот ва́рварский* костёр.

Па́мять у меня, слава Богу, еще хорошая, и мы разговаривали за по́лночь°, даже выпили. Договорились, что назавтра я поведу его по здешним местам, всё покажу. И тут он мне вы́сказал° свою та́йную просьбу: купить ему дом в Крыму, но на моё имя, потому что татарам домов не продают, есть на этот счёт специальный ука́з от сталинских ещё времён.

Помнишь ли, Еленочка, каков был Восточный Крым при татарах! А Вну́тренний! Какие в Бахчисарае были сады, а сейчас по дороге в Бахчисарай ни дерева, всё вырубили, всё уничто́жили. Как только я сделала Равилю посте́ль, слышу, машина к дому подъехала. Через минуту – стучат. Он грустно так посмотрел на меня: это за мной, Медея Георгиевна.

Лицо у него сде́лалось уста́лым, и я поняла, что не такой уж он и молодой – хорошо за тридцать. Он вы́тянул из магнитофона ле́нту, бросил в пе́чь: неприятности° у вас будут, простите меня. Я скажу им, что просто зашёл на ночле́г°, и всё.

Пошла я открывать – стоят двое. Один из них – Петька Шевчук, сын здешнего рыбака, Ивана Гавриловича. Он мне, нагле́ц, говорит: паспортная прове́рка – не пуска́ю ли я жильцо́в.

Ну, я его вы́ругала: как ты сме́ешь ко мне в дом ночью вла́мываться? Нет, не пускаю я жильцов, но сейчас в доме у меня гость, и пусть они отправляются куда хотят и до утра меня не беспоко́ят.

Они ушли, но машина не уехала, стоит возле дома.

А мальчик мой татарский, Равиль, улыбается спокойно: спасибо, Медея Георгиевна, вы необыкновенно му́жественный человек, редко такие встречаются. Жаль, что вы мне не покажете завтра ни доли́ну, ни Восточные холмы́. Но я приду сюда, когда времена переменятся°, я уве́рен.

Я достала ещё одну бутылку вина, и спать мы уже не ложились, говорили. Потом пили кофе, а когда рассвело́, он умылся, я ему испекла хлеб, консервы дала московские, с лета ещё оставшиеся, но он не взял, всё равно, сказал, отберут. Проводи́ла его до кали́тки. Дождь кончился, и было хорошо. Петька возле машины стоит, и второй с ним рядом. Простились мы с Равилем, а у них уже и дверь открыта. Вот, Еленочка, какая история случилась. Да, шапку свою меховую он забыл. Ну, я думаю, и хорошо. Может, он вернётся ещё, вернутся татары и отдам я ему шапку? Право, это было бы по справедливости. Ну да как Бог рассу́дит. Целую тебя. Медея».

Через 19 лет в 1995 году в эпилоге романа рассказчица продолжает: Георгий, племянник Медеи, рассказал нам на обратном пути, как неприятно удивлены были племянники Медеи, когда после её смерти обнару́жилось завещание, по которому дом отходил° никому не известному Равилю Юсупову. Этого Юсупова никто искать не стал, и Георгий переехал тогда в Медеин дом с женой Норой и маленькими дочками. Работу нашёл себе на биоста́нции*.

Через несколько лет появился Равиль, точно так же, как когда-то у Медеи, – поздним вечером ранней весны, и тогда Георгий достал из сундука́ завещание и показал его Равилю. Однако прошло ещё несколько лет, прежде чем Равиль получил этот дом. Почти два года шёл неле́пый суде́бный проце́сс*, чтобы переофо́рмить дом. И произошло это только благодаря насто́йчивости Георгия, дошедшего до республика́нских* инста́нций*, чтобы Медеино завещание было признано действительным. С тех пор все жители посёлка стали считать его сумасше́дшим.

53	па́мять, *-и*	Gedächtnis
55	та́йный	geheim
57	Befehl, Ukas	
60	вну́тренний	innerer
61	уничтожа́ть/уничто́жить	vernichten
62	посте́ль, *-и*	Bett
65	wurde müde	
66	вытя́гивать/вы́тянуть	herausziehen
	ле́нта	Band
67	печь, *-и*	Ofen
70	unverschämter Kerl	
71	прове́рка	Kontrolle
	vermiete	
72	руга́ть/вы́-	beschimpfen
	сме́ть/по-	wagen
73	einbrechen	
75	беспоко́ить/по-	beunruhigen
	не беспокоить	*hier:* in Ruhe lassen
78	му́жественный	tapfer
80	Tal	
	Hügel	
81	уве́ренный	sicher
83	dämmerte	
85	провожа́ть/проводи́ть	begleiten
	Tor	
91	entscheidet, urteilt	
95	обнару́живать/обнару́жить	entdecken, auffinden
101	Truhe	
103	absurd	
	суде́бный	gerichtlich
104	umschreiben	
	Hartnäckigkeit	
107	сумасше́дший	verrückt

110 хи́трый — listig
112 zugehörig
113 кровь, *-и* — Blut
114 Nachfahren
115 litauische, georgische, koreanische
117 Schwiegertochter
120 член — Mitglied

Он построил себе новый дом. При постройке° дома ему много помогал Равиль с братом. Когда дом был построен, жители посёлка изменили мнение и теперь говорят, что Георгий страшно хи́трый: вместо старого дома Медеи получил новый, в два раза больший…

Я очень рада, что через мужа оказалась приобщена́ к семье Медеи и мои дети несут в себе немного греческой кро́ви, крови Медеи. До сих пор в Крым приезжают пото́мки Медеи – русские, лито́вские, грузи́нские, коре́йские. Мой муж мечтает, что в будущем году, если будут деньги, мы привезём туда нашу маленькую внучку, родившуюся у нашей старшей неве́стки, чёрной американки с Гаити.

Это удивительно приятное чувство – принадлежать к семье Медеи, к такой большой семье, что всех её чле́нов даже не знаешь в лицо и они теряются в перспекти́ве* бывшего, небывшего и будущего.

Л. Улицкая «Медея и её дети», издательство «Вагриус», 1996

Лексика

Объясните по-русски идиоматические выражения:
1. как снег на голову;
2. выходить из ряда вон;
3. плакать в три ручья.

Работайте с текстом

1. Расскажите, что вы узнали из текста о жизни Медеи.
2. Опишите внешность и характер Равиля.
3. О чём Равиль просит Медею? Почему?
4. Что вы узнали из текста о старом татарском Крыме?
5. Как сталинский террор изменил жизнь в Крыму?
6. Опишите реальность советской диктатуры 70-ых годов на основе данного текста.
7. Что хотела сказать Медея своим завещанием – в прямом и в переносном смысле?
8. Охарактеризуйте Медею.
9. Как Георгий относится к её завещанию?
10. Как вели себя жители деревни?
11. Почему рассказчица радуется тому, что она принадлежит к семье Медеи?

Республика Бурятия. Маленькие буряты учатся в буддистском монастыре.

Красноярский край, Таймырский автономный округ. Ритуальный танец шамана.

Мнения, дискуссии

1. Конец романа описывает идиллию, которой пока нет в жизни.
2. Семья Медеи – прообраз семьи будущего.
3. Поведение Медеи – это отдельный, исключительный случай. Её судьба сделала её очень толерантной.

> **P** **Внешний вид**
>
> Он молодой (средних лет, пожилой) человек.
> Она молодая (средних лет, пожилая) женщина.
>
> Он(-а) высокий (-ая), маленький (-ая), красивый (-ая), стройный (-ая), полный (-ая), худой (-ая), толстый (-ая)
>
> У него (неё) карие (серые, зелёные, чёрные, голубые, красивые) глаза.

6. «Я – русский!»

Во время войны в Чечне (1994-1996 – первая война в Чечне, 1999 начало второй войны в Чечне) много чеченских семей уехало в Россию. Невозможно жить, ожидая новой бомбёжки. Семья Сулумовых живёт сейчас в деревне недалеко от Воронежа. Работают на ферме. Вот что рассказывает Мата Сулумова корреспонденту «Литературной газеты» о себе, о войне…

3 Bombenanschlag

Перед прослушиванием

Эти слова помогут вам понять текст:

сноха́ Schwiegertochter – племя́нник Neffe – племя́нница Nichte – неве́ста Braut – вырыва́ться/вы́рваться *hier:* loswerden – му́ха Fliege – му́читься/из- sich quälen – вражда́ Feindschaft – ору́жие Waffe(n) – причи́на Ursache – чече́нец Tschetschene – в тако́й-то срок innerhalb einer bestimmten Frist – го́рец Bergbewohner – позо́р Schande – мёртвый tot – ругать/вы- beschimpfen

Работайте с текстом

1. Почему Мата Сулумова с семьёй уехала из Чечни?
2. Где они живут сейчас?
3. Чем они занимаются?
4. Зачем они ездили в Чечню?
5. Что случилось в пути?
6. Что говорят по телевизору о чеченцах? Что говорит Мата?
7. Внук Маты Шамиль говорит: «Я – русский!» Объясните, почему.

6 Россия и Германия

Эти фотографии иллюстрируют отношения между Россией и Германией в прошлом и настоящем. Найдите в таблице информацию, к которой относятся фотографии.

1. Экономические и культурные связи между Германией и Россией

1189г.

Новгород заключáет договóр с Ганзой.

300 лет у Ганзы было представи́тельство в Новгороде.

1223-1380

Татаро-монгольское и́го в России.

Практически нет свя́зей с Западом.

16-ый век

Восстанáвливаются связи с Западом.

Борис Годунов вызывáет немецких врачей, аптекарей и других специалистов в Москву. Позднее в Россию едут учёные и ремéсленники из Европы. Россия становится целью многих эмигрантов.

17-ый век

Реформы Петра I
Цель реформ – европеизация России.

Эмиграция немецких и голландских , ремесленников,торгóвцев промы́шленников и учёных. Они импортируют в Россию ноу-хау.

18-ый век

Екатерина II приглашает немецких ремесленников и крестьян. Освобождáет их от слýжбы в áрмии* и от налóгов.

Первая колония немцев на Волге, позднее в Крыму и на Кавказе.

В 1764-67гг. более 20 000 немцев переселя́ются на Волгу.

Растёт популярность Фридриха Шиллера.
«Разбóйники», «Кóварство и любóвь», «Вильгельм Тель» с 1792г. переведены на русский язык.
Экспедиции учёных (Гмелина, Гумбольта) в Сибирь.

заключáть договóр	einen Vertrag abschließen	промы́шленник	Industrieller
представи́тельство	Vertretung	освобождáть/освободи́ть	befreien
и́го	Joch	слýжба в áрмии	Wehrdienst
связь, *-и*	Verbindung, Beziehung	налóг	Steuer
восстанáвливать/ восстанови́ть	wiederaufbauen	переселя́ться/ пересели́ться	umsiedeln
вызывáть/вы́звать	*hier:* einladen	разбóйник	Räuber
ремéсленник	Handwerker	«Ковáрство и любóвь»	„Kabale und Liebe“
торгóвец	Händler		

20-ый век

19-ый век

Россия – интересный рынок для западных инвéсторов*.

Между 1856 и 1875гг. в Россию переехало 1,3 млн. немцев.
Каждый десятый житель Петербурга – немец.
Немцы – самая многочисленная группа населения после русских.
Очень много немецких фирм, банков. Германия – важный торговый партнёр России.
В русском языке появилось много немецких слов: шлагбаум, парикмахер, бухгалтер и т. д.

20-ые годы

Тяжёлое положение в Европе после Первой мировой войны. Экономика в Германии в катастрофическом состоя́нии.

Одновременно многие западные фирмы такие, как Крупп, Сименс экспортируют свою продукцию в Россию. Немцы произво́дят и испы́тывают новое ору́жие в России.
Многие инженеры, конструкторы едут на работу в СССР.

После революции 1917г. эмиграция русских художников, писателей в Берлин. Самая большая колония русских в Берлине в 20-ые годы.

1941-1945

Великая Отечественная война

Немцы вывозят с оккупи́рованных* территорий произведения искусства.
После войны русские вывозят из Германии обору́дование, произведения искусства.
Проблема трофе́йного иску́сства актуальна и сегодня.

60-ые годы

Некоторые фирмы, например, «Саламандер», сотру́дничают с СССР.

80-90-ые годы

Перестройка.
Переход к ры́ночной эконо́мике.
Россия вербу́ет* западных инвесторов.

Россия экспортирует сырьё (газ, лес, нефть).
Германия – самый крупный западный инвестор в России.
Эмиграция в Германию русских немцев.
Многочисленные культурные связи между Германией и Россией: партнёрство между городами и землями, музыкальные фестивали, художественные выставки.

состоя́ние	Zustand	трофе́йное иску́сство	Beutekunst
производи́ть/произвести́	herstellen	сотру́дничать	zusammenarbeiten
испы́тывать	erproben	ры́ночная эконо́мика	Marktwirtschaft
ору́жие	Waffe	сырьё	Rohstoffe
обору́дование	Betriebsausstattung	нефть, *-и*	Erdöl

1. Расскажите об экономических и культурных связях между Россией и Германией.
2. Назовите имена царей, которые развивали эти связи. Объясните причины.
3. Как вы думаете, почему Россия всегда привлекала немецких бизнесменов?
4. Расскажите об эмиграции немцев в Россию при Екатерине II.
5. Почему многие русские немцы эмигрируют сейчас в Германию?
6. Назовите общие причины для эмиграции людей.

Работайте с таблицей

2. Об одном из мостов через Рейн

В 1863 году Фёдор Михайлович Достоевский путешествовал по Европе. Четыре года он прожил в Германии. Достоевский не знал немецкого языка и жил в Германии очень одино́ко°. Он крити́чески отнёсся к немцам. Свои впечатления он описал в статье «Зимние заме́тки о летнем путешествии», а также в «Дневнике писателя». Вот отрывки из этих книг.*

Мост, конечно, прекрасный, и город по пра́ву гордится им, но мне показалось, что уж очень он гордится. И поэтому я, конечно, из-за этого сразу разозли́лся. Кроме того, касси́р* на входе к этому прекрасному мосту не должен брать по́шлину с таким выражением лица, как будто бы я должен платить штраф* за какую-то неизвестную мне самому вину́. Я не знаю, так ли это было, но мне так казалось, что немец уж особенно гордился. Конечно же, он узнал, что я иностранец, и именно русский. По крайней мере, глаза его говорили: «Видишь наш мост, ты жа́лкий русский? Ты же червя́к перед нашим мостом и вообще перед немецким человеком, потому что у тебя нет такого моста». Вы же должны согласи́ться°, что это обидно. Конечно, немец этого не сказал, но это не играет никакой роли. Я был тогда вполне уверен, что он хотел это сказать, и это вы́вело меня окончательно из себя́. «Чёрт тебя́ побери́, – подумал я, – мы тоже что-то придумали° – самовар. У нас есть журналы, у нас делают офице́рскую* одежду, у нас…». Одним словом, я был зол, купил бутылку одеколо́на* и уехал тут же в Париж.

У немцев считается самым большим преступле́нием – не иметь денег. Немцы совершенно не похожи на русских.

Немцы одержа́ли побе́ду над работой. Они умеют организовать свою работу и дости́гли во всех областях высоких результатов. В России такого отношения к работе нельзя себе представить. Нет, так у нас не умеют работать.

Мы, русские, с удовольствием смеёмся над тяжелове́стностью немцев и охотно рассказываем анекдо́ты* о них, хотя и́скренне восхища́емся перед их умением работать.

Ф. М. Достоевский

Слова со значком ° образованы от уже известных вам слов.

4 относи́ться/отнести́сь	sich verhalten
5 Notizen	
7 по пра́ву	mit Recht
9 зли́ться/разо-	sich ärgern
10 Maut	
12 вина́	Schuld
15 жа́лкий	kläglich, erbärmlich
Wurm	
20 brachte mich in Rage	
Чёрт тебя́ побери́!	Hol dich der Teufel!
24 преступле́ние	Verbrechen
26 besiegten	
27 достига́ть/дости́чь или дости́гнуть чего	erreichen, erlangen
30 Schwerfälligkeit	
31 и́скренний	aufrichtig; ehrlich
32 восхища́ться/восхити́ться чем	etwas bewundern

Грамматика

1. Придумайте предложения с нижестоящими словами и словосочетаниями.
   а) выража́ть/вы́разить что (своё мнение, свою точку зрения) – выраже́ние чего;
   б) относи́ться/отнести́сь к чему (положительно, отрицательно) – отноше́ние к чему;
   в) восхища́ться/восхити́ться чем – восхище́ние чем;
   г) достига́ть/дости́гнуть чего (в жизни, в работе) – достиже́ние чего;
   д) соглаша́ться/согласи́ться с кем/чем – согла́сие с чем.

2. Переведите следующие предложения.
   а) Достоевский прожил в Германии четыре года.
   б) Он пережил много трудностей.
   в) Когда становится очень трудно жить, мы говорим, что надо выжить.
   г) За свою жизнь Рокфеллер нажил большое состояние.
   д) – Как вы поживаете? – Спасибо, хорошо.
   е) Век живи – век учись.

Работайте с текстом

1. Объясните название статьи Достоевского: «Зимние заметки о летнем путешествии».
2. Как чувствовал себя писатель в Германии?
3. Найдите в тексте юмористические пассажи.
4. Назовите черты немецкого характера, на которые обратил внимание Достоевский. Согласны ли вы с его мнением?

О себе

1. В какие страны вы ездили?
2. Расскажите о ваших путешествиях в эти страны. Опишите поведение и жизнь людей в этих странах.

Переведите

Переведите со словарём нижестоящие слова:

пунктуальность, аккуратность, чистоплотность, основательность, профессиональная компетентность, сдержанность, меланхоличность, прилежание, юмор, халатность, душевность, самоанализ, хаотичность, необязательность, пессимизм, приверженность традициям, креативность, гостеприимство, вежливость, эмоциональность
Назовите некоторые типично немецкие/русские черты характера.

Говорите

Прочитайте анекдот:
Русскому и немцу дали задание написать реферат о слоне.
Русский написал работу под названием: «Слон – это изобрете́ние русских».
Немец написал двенадцатитомник под названием: «Небольшое введе́ние (Einführung) в историю развития слона».

1. О каком качестве русского/немецкого характера говорится в этом анекдоте?
2. Что вы знаете ещё о «типично» русских чертах характера?
3. Назовите некоторые «типично» немецкие черты характера.
4. Можно ли, по-вашему мнению, вообще говорить о характере народа?

Прочитайте объявления из каталога «Туризм и отдых». Куда предлагают поехать эти объявления? С какой целью?

3. Германия глазами русского студента

Перед чтением

– Какие города-партнёры в Германии и в России вы знаете?
– Какой город-партнёр в России у вашего города?
– Кто из вашего класса, из ваших знакомых был в России?
– Как они ездили в Россию: туристами, по обмену между городами, по частному приглашению, по работе?

Студент Самарского университета, Алёша Романов, получил президéнтскую стипéндию* на год учёбы в Германии. О своих впечатлениях он пишет родителям в Самару.*

12-ого октября 1999

Здравствуйте, милые мои мамочка и папочка!

Ну вот я и в Германии. Буду рассказывать всё по порядку, начиная с момента прилёта во Франкфурт. Во Франкфурте – плюс 19 градусов! И это в октябре!

Получил багаж, спросил, где можно взять телéжку, погрузи́л вещи и поехал. Кстáти, телега сделана так, что можно с нею вместе ехать на обычном эскалáторе*, очень удóбно. И всё это – бесплатно. Выхожу в зал ожидания: ни цветов, ни оркестра. Встречающих тоже нет. Пошёл к справочному бюро. Говорю: «Должны были встретить, а никого нет». Служащий сразу же по громкоговорителю объявил, где я нахожусь.

После третьего объявления, служащий сказал мне, чтобы я позвонил в университет, и даёт мне телефонную карточку (как кредитная). Я спросил, как пóльзоваться телефонной карточкой. Он взял у меня записнýю кни́жку с номером телефона и побежал звонить в… автомáт! Спрашивается, зачем? А им нельзя вести неслужéбные разговоры по служебному телефону. Через несколько минут ему звонят из Штутгарта. Они не могут меня встретить в

9 Kofferkuli lud auf
10 кстáти übrigens
11 удóбный bequem
18 пóльзоваться/вос- чем benutzen
19 Notizbuch
20 Telefonzelle
21 nicht dienstlich

Премьера балета «Спящая красавица» состоялась 29-ого февраля 1992 года в Берлине. Инсценировка была осуществлена известным русским солистом балета Рудольфом Нуриевым по оригинальной хореографии Мариуса Петипа на музыку Петра Ильича Чайковского.

Штеффи Шерцер и Раймондо Ребек в главных ролях.

аэропорту, а только на вокзале в Штутгарте. Я поблагодарил диспе́тчера*, он хотел мне ответить по-русски, а его коллега по кабине даже делала несколько объявлений по-русски (для прилетающих из России и не знающих немецкого языка) практически без акцента. Это меня просто доби́ло. Я спусти́лся вниз на станцию метро (S-Bahn). Все билеты у них покупают в автоматах. Сначала я подошёл к справочному бюро узнать расписание. Диспетчер посмотрел на компьютере и… распеча́тал мне вы́писку из расписания на при́нтере* со временем отъезда, приезда, стоимости билета и т.д., и на обе поездки сразу. Я подошёл к автомату, чтобы купить билет, и уста́вился на него, не зная, что с ним делать. Какой-то мужчина покупал билет. Я попросил его помочь (когда просишь у немцев помощи в чём-либо, они улыбаются тебе, как старому знакомому).

В вагоне я не знал, могу ли я сесть на любое место. Спросил об этом одну женщину, а ответило как минимум трое, все с улыбкой и понимающе кива́я. Сразу нашлось место для меня. А вот места для сумок, как у меня, в их вагоне нет. Я поставил обе сумки в коридоре. Первые минут 40 я всё время верте́л головой, не упёрли ли их? Потом успоко́ился. Потом прошла контролёр, каким-то хи́трым компостером погаси́ла билет. Больше ничего интересного в поезде не было. Ну ла́дно, приехали в Штутгарт (поездка – 1 час и 21 незабываемая минута).

18-ого октября 1999

На территории университета много зданий институтов, студенческие и преподавательские домики, большая столовая, спортивная площадка, парко́вки*, подземные гаражи́*, кафе. Есть даже религиозный христиа́нский* центр для студентов. Между домиками стоят автоматы для жва́чек, сигарет, напитков. Бросаешь монетку, а он тебе пачку сигарет выплёвывает или «Джуси фрут» без сахара, который любит вся молодёжь мира (помните рекламу?). Стоят телефонные автоматы и можно звонить в любую страну. Моя комната выходит прямо на ле́стничную площа́дку. Конечно, не очень удобно, с лестницы шу́м слышен. «Но ничего, как говорят постоянно немцы: кайн проблем». Так посмотришь – живут себе без проблем и всё тут. Кайн проблем, да кайн проблем.

27 den Rest gegeben	
спуска́ться/спусти́ться	hinuntersteigen
30 druckte den Fahrplan aus	
33 starrte an	
39 кива́ть/кивну́ть	(zu)nicken
41 drehte	
wurde geklaut *(umg.)*	
42 успока́ивать(ся)/успоко́ить(ся)	(sich) beruhigen
хи́трый	schlau, listig
43 гаси́ть/по-	(aus)löschen; *hier:* entwerten
44 ла́дно	gut; einverstanden
51 Kaugummis	
52 spuckt aus	
55 Treppenabsatz	
56 шум	Lärm

24-ого октября 1999

Женщина за рулём – для нас это ещё не так привычно, а у них – такие старые бабушки в магазин на велосипеде или на авто ездят. У меня теперь тоже есть свой «мерседес». Йохен привёз мне велосипед. Теперь я совсем облени́лся, пешком не хожу, только на велосипеде. У них все ездят на велосипеде, студенты особенно. Студенческий городок большой, с велосипедом – удобно. И в магазин 7 минут, и до центра. Там 3 магазина рядом, почта и мой банк.

Нет, я балде́ю от их магазинов. Ходить можно до отупе́ния, выбирать из нескольких (иногда десятков) видов товаров. А главное, много автома́тики*.

Вообще патриотизм немцев поража́ет (или тре́звый расчёт?). Йохен часто покупает пиво целым ящиком, ставит на балкон и пьёт. Бутылки 0,33 л., тёмное. Причём, покупает всё время одно и то же. Я его спрашиваю: «Почему именно это и только его?» Он говорит: «Во-первых, это очень недорого. Во-вторых, вкусно. В-третьих, бутылка небольшая, пока пьёшь пиво не теряет своего вкуса. В-четвёртых, оно произво́дится в каком-то городе, недалеко от Штутгарта». Я спрашиваю его, что это за город. Он говорит: «Деревня – три дома, где варят пиво». Я спрашиваю: «Это так важно, покупать пиво, которое делают недалеко? Что оно, испо́ртится пока его везут?» Он: «Ты подумай, Алекс, если везти пиво через всю страну – это дорого; а сколько выхлопны́х га́зов. А потом пустые бутылки обратно везти! Так нельзя». Я говорю: «А поездом нельзя?» Он: «У нас не такая большая страна, 600-800 км для автомобиля – не расстояние».

Если он это серьёзно насчёт выхлопных газов, то немцы просто патриоты: вроде бы всё равно какое пиво пить, никогда́ бы да́же не заду́мался!

26-ого ноября 1999

А вообще жизнь для настоящего русского человека в Германии очень тяжёлая. Я не знаю, как люди могут всё в России бросить и в Германию жить едут. Учиться здесь, конечно, интересно. И жить, пока студент, можно. Но не навсегда.

Экономия на всём! В разговоре – это стоит, там дешевле, деньги, деньги.

Социальная забота об инвалидах: в ли́фтах* на кно́пках специальные символы – для слепы́х. И на каждом этаже на пери́лах тоже номер этажа вы́бит. Рядом с лестницами – дорожки для инвали́дных кре́сел.

Так у меня, в при́нципе*, всё нормально. Не волнуйтесь, я не болею. Погода хорошая. Днём тепло, ночи – ниже нуля. У нас озеро так замёрзло, что даже люди на коньках катаются. И рядом трава зеленеет. Странно даже.

Ну всё. Вроде бы ничего не забыл, всё написал. Передавайте всем-всем привет.

До свидания, сегодня ровно 1,5 месяца.

Целую, ваш сын Алёша

60	am Steuer	
63	faul geworden	
67	ich bin begeistert *(umg.)*	
	Besinnungslosigkeit	
70	поража́ть/порази́ть	verblüffen
	nüchterne Überlegung	
72	причём	wobei
76	производи́ть/произвести́	herstellen
79	по́ртиться /ис-	verderben
81	Abgas	
86	darauf würde ich nie kommen.	
95	Knöpfe	
96	слепо́й	blind
	Geländer	
97	eingraviert	
98	Rollstühle	

Лексика

Выпишите из текста слова к следующим темам:
а) в аэропорту; б) в поезде; в) на территории университета;
г) транспорт.

Работайте с текстом

1. Передайте содержание текста, употребляя выписанные вами слова.
2. Что удивляет Алёшу
   а) в технике,
   б) в характере людей,
   в) в социальной организации общества?
3. Как вы думаете, почему он говорит, что жизнь в Германии для русского человека тяжёлая?
4. Сравните впечатления студента с впечатлениями Достоевского (стр. 107).

Оформление письма

Найдите в письме следующие пассажи и дополните их словосочетаниями из рамки:
1. Начало письма
2. Слова, которые помогают вести рассказ дальше
3. Конец письма

P Оформление письма

Добрый день, дорогой/-ая…
Привет, …
Уважаемый/-ая…

Потом…
(А) Вообще…

До свидания. Ваш(а)…
С дружеским приветом…
С массой наилучших пожеланий…
Целую. Твой/твоя…
Целую и обнимаю крепко...

Письменное задание

Вы познакомились с русским школьником/студентом.
Напишите ему/ей о своей земле, деревне, о своём городе.

P Мой город / моя деревня

Моя земля называется…
Мой город/деревня основан/а в…
В моём городе/моей деревне
живёт… человек.
В моём городе/моей деревне
можно посмотреть следующие
достопримечательности:
замок, крепость, городскую стену,
фонтан, ратушу, дворец, рыночную
площадь и т.д.

4. Путешествие Готлиба Даймлера в Россию

Готлиб Даймлер – известный немецкий изобрета́тель. В 19-ом веке он вместе со своим коллегой, Карлом Бенцем, изобрёл первый в мире автомобиль. Даймлер решил съездить в Россию. Он хотел не только познакомиться со страной, но и посмотреть, какие там есть возможности для продажи его моторов.

Erfinder

Перед прослушиванием

1. Переведите со словарём:
   а) сбыт, б) почва для торговых связей, в) восхищать, г) превращать, д) деловая поездка, е) предприниматель, ж) заснеженные просторы, з) осуществить мечту.
2. Прослушайте текст и постарайтесь понять общий смысл. Прослушайте текст ещё раз и постарайтесь понять каждое слово.

Работайте с текстом

1. Почему Даймлер решил съездить в Россию?
2. Проследите по карте его маршрут.
3. Опишите, как Даймлер проводил время в Петербурге.
4. Что ему особенно понравилось в Петербурге?
5. Как он путешествовал по России?
6. Где он побывал?
7. Было ли его путешествие успешным? Почему?

Говорите

1. Представьте себе, что к вам приехали гости из России. Расскажите им о Готлибе Даймлере.
2. Соберите материал о какой-нибудь известной личности из вашей земли/вашего города/деревни. Расскажите о ней в классе.

Прочитайте рекламу. Проведите параллель между текстом о Готлибе Даймлере и рекламой «Мерседеса» сегодня

5. Германия

За́литая розовым солнцем, ве́чно встающим над Рейном,
В зелени трав и листьев Германия Генриха Гейне.

Заткну́вшая уши, закрывшая глаза от боли и страха,
Живущая только музыкой, возвы́шенная Германия Баха.

Меня́ющая ши́ло на мы́ло, день на ночь, а века на годы,
Фауста на Мефистофеля, двули́кая Германия Гёте.

Однажды увидевши на месте Рейхстага – Триумфа́льную* а́рку*,
Бездомная, с подде́льным паспортом Германия Ремарка.

Расто́птанная сапога́ми мирового прогресса,
Мечтающая о Касталии, Германия Германа Гессе.

Раздро́бленная на кня́жества поэзии, музыки, власти,
Разре́занная границами на две нера́вные части.

Мы видели место, где Запад пла́вно переходит в Восток,
Это го́лое место, там не пробьётся даже травы росто́к.

Стоят по обо́чинам брошенные дома ЕДИНОЙ страны,
Сши́той белыми ни́тками по шву Берлинской стены.

В рва́ных джинсах и майках, с весьма́ небре́жной оса́нкой,
Шестнадцатилетняя, в чёрных бу́тсах* Германия па́нков*.

Попавшая будто в кала́шный ряд – в гу́щу ари́йской* на́ции*,
Испуганная и притихшая Германия русской эмиграции.

Уны́лым вокзалом Бреста начнётся печальная родина,
Наш поезд спешит в Росссию, мину́я Франкфурт-на-Одере.

Мы выпили много пива и посетили какой-то музей…
В карманах марки, в уша́х бананы, о Германия наших друзей!

Белая гвардия, 1995

1	überflutet (*übertr.*)	
	ве́чный	ewig
2	трава́ (*Pl.* тра́вы, трав)	Gras
3	zugestopft	
4	erhaben	
5	zweifelhaftes Tauschgeschäft	
6	zweigesichtig	
8	gefälscht	
9	zertrampelt	
	сапо́г (сапога́; *Pl.* сапоги́, сапо́г)	Stiefel
11	zersplittert	
	Fürstentümer	
12	ре́зать/раз-	schneiden
	ра́вный	gleich
13	fließend	
14	го́лый	nackt, kahl
	hier: wächst	
	Grashalm	
15	Rand	
16	genäht	
	Garn	
	Naht	
17	zerrissene	
	mit ziemlich lässigem Gang	
19	*hier*: Schlaraffenland	
	hier: in die Mitte	
21	öde	
22	vorbei	
24	у́хо (*Pl.* у́ши, уше́й)	Ohr

Грамматика

1. Выпишите из текста все причастия.
2. Объясните, какие это причастия.
3. Назовите глаголы, от которых они образованы.
4. Переведите предложения с причастиями.

Работайте с текстом

1. Назовите имена знаменитых немцев, которые названы в тексте песни.
2. Что говорится в песне об истории Германии?
3. Что изменилось в истории Германии на сегодняшний день?
4. Найдите строчки в тексте, где говорится о сегодняшней картине жизни в Германии.
5. Какие «типичные» символы Германии названы в тексте?
6. Что для вас является «типичными» символами Германии?
7. Назовите «типично» русские символы.

Владимирская область. Город Покров. С 1997 г. здесь работает шоколадная фабрика «Stollwerck RUS». Сырьё привозят из Германии.

Прочитайте вывески на фотографии. Какой вывод можно сделать на основании этих фотографий?

Говорите

1. Расскажите русскому гостю о сегодняшней Германии.
   а) Опишите картину пешеходной зоны в вашем городе.
   б) Как одета молодёжь? Что сейчас в моде?
   в) Часто ли можно слышать на улицах Германии иностранную речь? Кто это: туристы, жители Германии?
2. Спросите вашего гостя о жизни в России.
3. Объясните вашему гостю нижестоящие идиоматические выражения по-русски:
   а) Hals- und Beinbruch!
   б) Ich habe null Bock.
   в) Auf diese Musik fahre ich voll ab.
   г) Da mache ich lieber eine Fliege.

Работайте в парах

Вы хотите сходить с вашим гостем вечером куда-нибудь. Пригласите его/её.
Употребите следующие слова: театр, кино, дискотека, опера, парти, бассейн, бильярдный бар, вернисаж, крепость, замок.
Сформулируйте предложения по образцу: Давай пойдём сегодня вечером в театр.

P **Приглашение**

Я хочу пригласить вас(тебя) в/на…	Хорошо.	К сожалению, я не могу. Нет времени.
Я хотел(-а) бы пригласить вас(тебя)…	Ладно.	(Мне) (очень) жаль, но не могу.
Разреши(-те) (мне) пригласить вас(тебя)…	Давай(-те) пойдём.	Мне не хочется.
Ты не хочешь пойти сегодня вечером…?	Договорились.	Я занят(-а).
Не пойти ли нам…	Я за; А почему бы и нет.	

6. Трагический август 1941-ого

22-ого июня 1941-ого года фашистская Германия напала на Советский Союз. Началась война, которая принесла с собой неопису́емые° страда́ния и же́ртвы. В первые месяцы войны немцы, жившие в России на Волге уже более 100 лет, были выселены в Сибирь. Их вина́ была в том, что они были немцами.

В то воскресенье, 22 июня 1941 года, мама с утра уехала в Саратов к своим да́льним° родственникам. После отъезда мамы мы с отцом устро́ились на диване, и начался мой любимый «час вопросов и ответов».

Вот, так лежим мы с отцом на диване и разговариваем. По радио передают какую-то музыку, на улице светит солнышко, на обед ждёт меня любимая ка́ша на молоке с маслом, по-немецки «брай», по-русски «тюря». Но вдруг музыка кончается, и объявляют: «Внимание! Внимание! Через 15 минут будет передаваться важное прави́тельственное сообще́ние! Слушайте выступление народного комиссара иностранных дел товарища Молотова!» И так несколько раз. Мы с отцом начали строить дога́дки: «Что бы это могло быть?»

И вот страшное, неверо́ятное изве́стие – «ВОЙНА!» Фашистская Германия напала на нас, бомби́ла* наши города, около 200 человек уже поги́бло! Мы долго молчали.

Через несколько дней родители отправили меня в село Мариенталь, где я родился, «на свежее молоко, белый хлеб и деревенский воздух». Это было старинное село, основанное в 1762-1763 гг. переселе́нцами из Германии, приглашёнными° по манифесту Екатерины II для колониза́ции* пусту́ющих земель Заво́лжья и введе́ния высококультурного и рента́бельного* сельского хозяйства.

У нас в семье всё время говорили на двух языках: мама говорила по-русски, а мы ей отвечали по-немецки – и никаких проблем, наоборот, соседи, заходившие к нам, хвали́ли, что мы с детства владе́ем двумя языками. И вдруг такой поворо́т!!! С этого момента я, как и большинство немцев, почувствовал себя каким-то виноватым, и это чувство росло за время войны.

28 августа отец вернулся с работы очень расстро́енным, и я даже боялся его о чём-либо расспрашивать, так он изменился в лице. Вскоре пришла мама. У неё были красные от слёз глаза (я впервые увидел её такой). И тут всё выяснилось: вышел Ука́з о нашем выселе́нии. Итак, Немецкая республика на Волге перестаёт существовать. Наконец отец говорит деревя́нным°, бесцветным°, усталым голосом: «Нам надо собраться и быть готовыми ко второму сентября. Разрешают брать с собой только самое необходи́мое, по сто килограммов на человека, и только мягкое – никаких сундуко́в, шкафов, кроватей, – а посуду – в корзи́нах». Отец снова предложил матери развести́сь, чтобы ехать одному, и снова мать сказала, что его предложение не отвечает её принципам и морали.

Срок отъезда неумоли́мо, безжа́лостно приближа́лся°!

Наконец печа́льная проце́ссия*, больше похожая на похоро́нную, тро́нулась. Я сидел наверху на вещах и мог осматривать ме́стность на 360 градусов. Печальный вид. Воро́та дворов были открыты, во дворах лежали и стояли в пыли́ шкафы, кровати, столы, стулья, посуда – когда-то гордость хозя́ев. Видимо, люди до последней минуты всё же надеялись что-то взять с собой. А сколько трагедий

Слова со значком ° образованы от уже известных вам слов.

3	Leiden	
	Opfer	
5	вина́	Schuld
8	устра́иваться/устро́иться	es sich gemütlich machen
12	ка́ша	Brei
15	прави́тельство	Regierung
	сообще́ние	Mitteilung, Nachricht
17	Mutmaßungen	
18	неверо́ятный	unwahrscheinlich
	изве́стие	Nachricht
20	погиба́ть/поги́бнуть	umkommen
24	Aussiedler	
25	brachliegende Gebiete hinter der Wolga	
26	Einführung	
30	хвали́ть/по-	loben
31	владе́ть/о-, за- чем	beherrschen
	поворо́т	Wende; Kurve
34	расстро́енный	verstimmt, traurig
36	слеза́ (*Pl.* слёзы)	Träne
37	Erlass	
38	Umsiedlung	
41	необходи́мый	notwendig
42	Truhe	
43	Korb	
44	разводи́ться/развести́сь	sich scheiden lassen
46	unabwendbar	
	unbarmherzig	
	приближа́ться/прибли́зиться	sich nähern
47	печа́льный	traurig
	Beerdigungs-	
48	setzte sich in Bewegung	
	ме́стность, *-и*	Gegend
49	Tor	
50	пыль, *-и*	Staub
51	хозя́ин (*Pl.* хозя́ева, хозя́ев)	Besitzer; Hausherr

Из жизни русских немцев в их республике на Волге. 1928 год

происходи́ло в каждом дворе! Везде броди́ли куры, гуси. В деревнях, как потом рассказывали, бродили коровы и громко мыча́ли от боли, а молоко, переме́шанное с кро́вью, текло из вы́мени. Некому было их дои́ть.

Между тем мы медленно ехали по открытой степи́* к железной дороге. Вдруг мама крикнула: «Витя! Смотри, па́рочка прощается!» Он и она, обнима́ясь, целуясь, рыда́я, стояли на дороге, тесно прижа́вшись друг к другу. Наконец они, бессильные, опусти́лись на колени, не разжима́я объя́тий, и поднялись медленно, чтобы разойти́сь. Пройдя несколько шагов, оба одновре́менно°, как по команде, оберну́лись и снова бро́сились друг к другу в объятия. Их отча́яние и ужас в глазах, их го́ре, трагические позы, а главное, то, что это происходило открыто, на глазах у множества людей подействовало на меня особенно сильно. Наконец мы доехали до железной дороги.

Со страхом и ужасом, не чувствуя под собой ног, мы с отцом приблизились° к ближа́йшему° вагону, где люди ле́зли в дверь, в окна, поднимались на крышу, толка́лись, лезли по головам.

В вагоне мы не успе́ли отдохнуть, осмотреться°, как вдруг появился человек в военной форме и поинтересовался°, есть ли в вагоне врач. Отец ответил. Ока́зывается, в поезде есть специально для врача и медицинского пункта целый вагон.

На другой день появился первый пациент: молодая женщина, рыдавшая и часто падавшая в о́бморок. Оказывается, во время погру́зки она потеряла своего трёхлетнего сына. А поезд всё ехал и ехал на восток, и женщина сходи́ла с ума́, представляя себе, как он там один ночью, на пустыре́, напра́сно и беспомощно° зовёт её. Марта, так её звали, хотела уже несколько раз вы́броситься° из поезда. Несчастная° всю дорогу так и жила у нас, молчали́вая, ко всему равноду́шная. Она могла целый день не есть, не пить, если не предлага́ли. Вещей у неё тоже не было. Насколько я помню, она приехала в гости с Украины и тут попала под Указ.

14 сентября мы прибыли в Красноярск. Здесь уже началась осень. Дома, на Волге, мы бы ещё ходили босико́м и купались бы! Здесь же в парке лежали жёлтые листья. Дул холодный ветер, шёл дождь.

Ме́стные спрашивали: «Вы кто такие? Откуда вас принесло, несчастные?» Одна стару́шка°, услышав в ответ: «Немцы», – констатировала с равнодушным презре́нием: «Так это те, с кем мы воюем!» И хотела уйти, нисколько не удивившись, что «воюющие немцы» отвечают на русском языке. Её тут же окружили спецпереселенцы и горячо начали дока́зывать, что они не те немцы, что они и их пре́дки жили в России, на Волге, где была их республика и что их мужья, братья и сыновья воюют на фронте против тех немцев – фашистов!

Виктор Зандер

53 происходи́ть/произойти́	geschehen
броди́ть//брести́	sich schleppen
54 muhten	
55 vermischt	
кровь, *-и*	Blut
Euter	
56 melken	
58 Pärchen	
59 обнима́ть(ся)/обня́ть(ся)	(sich) umarmen
heulend	
sich anschmiegend	
60 опуска́ться /опусти́ться	senken
61 ohne sich loszulassen	
62 auseinandergehen	
63 обора́чиваться/оберну́ться	sich umdrehen
stürzten sich	
64 отча́яние	Verzweiflung
го́ре	Unglück, Kummer
69 drängten	
70 толка́ть(ся)	(sich) stoßen
71 успева́ть/успе́ть	etw. (in best. Zeit) schaffen
73 es stellte sich heraus	
76 Ohnmacht	
77 das Aufladen	
78 verrückt werden	
79 im Freien	
umsonst	
81 schweigsam	
82 равноду́шный	gleichgültig
83 предлага́ть/предложи́ть	anbieten; vorschlagen
86 barfuß	
88 ме́стный	Einheimischer; regional, lokal
90 презре́ние	Verachtung
93 дока́зывать/доказа́ть	beweisen
94 Vorfahren	

Лексика

Объясните нижестоящие выражения по-русски:
1. хватать за душу;
2. любимый час «вопросов и ответов»;
3. меня отправили «на свежее молоко, белый хлеб и деревенский воздух»;
4. он изменился в лице.

Работайте с текстом

1. Опишите отношения в семье Виктора
   а) между родителями;
   б) между родителями и детьми.
2. Опишите атмосферу в семье перед отъездом.
3. Расскажите о прощании молодой пары.
4. Расскажите о судьбе первой пациентки отца в поезде.
5. Как встретили немцев в Красноярске?

Работайте в парах

1. Составьте диалоги между
   а) отцом и матерью на тему:«Нам надо развестись»;
   б) членами семьи на тему:«Что брать с собой в дорогу?»;
   в) отцом и его первой пациенткой в поезде.
2. Разыграйте диалоги в классе.

Aussiedler

7. Опрос молодых переселе́нцев, недавно приехавших жить в Германию

1 Abreise
2 (hoch) entwickelt
8 vielfältig
10 жара́ — Hitze
11 aus Ziegelstein
12 кры́ша — Dach
18 прави́тельство — Regierung
19 устра́иваться/устро́иться — sich einrichten
21 wohlwollend
22 stürmisch

1. Что вы знали о Германии до вашего отъе́зда?

Лилия, 19 лет: Я знала, что это ра́звитая страна, что люди там вежливые и пункту́альные*.

Ксения, 16 лет: Это страна, в которой регулярно платят зарплату. В Германии не смотрят на то, как ты одет.

Евгений, 17 лет: В Германии очень хороший климат, совсем другая мода, другие люди и страна здесь очень и очень красивая.

Анастасия, 17 лет: Германия очень красивая страна с разноо́бра́зным ландшафтом. Климат для нас непривычный: летом – жара́, зима – без морозов и снега.

Евгений, 20 лет: Хорошие машины, чистые улицы, черепи́чные кры́ши, хорошая жизнь.

2. Что вам больше всего нравится в Германии?

Юлия, 16 лет: Климат.

Ирина, 19 лет: В Германии много памятников. Очень красивая природа, дома, чистые улицы. Мне нравится также очень немецкая кухня и многое другое.

Татьяна, 23 года: Вежливый народ, красивые города. Прави́тельство и люди помогают устро́иться в Германии.

Евгений, 17 лет: Что зимой здесь тепло, что люди здесь очень хорошие и доброжела́тельные.

Анастасия, 17 лет: Бу́рная, интересная жизнь, здесь всегда будет и есть будущее.

Анатолий, 18 лет: Что здесь можно много путешествовать.

Евгений, 18 лет: Дороги, автомобили.

3. Что вам не нравится в Германии?

Юлия, 16 лет: Что некоторые жители Германии отно́сятся к нам как к нелюдям (например в ра́туше).

Ирина, 19 лет: Мне очень тяжело, не зная языка жить здесь. Поэтому мне больше всего не нравится, что меня не понимают и что я не могу ничего сказать.

Татьяна, 23 года: Много страхо́вок, разных бумаг.

Евгений, 17 лет: Абсолютно ничего.

Анатолий, 18 лет: Нало́г на машину очень большой.

Евгений, 19 лет: Очень высокие налоги и сильно дождливая погода.

Александр, 16 лет: Дороги очень ро́вные и чёткие?

4. Назовите причины вашего решения уехать из России.

Лилия, 19 лет: Стремле́ние самостоятельно построить свою жизнь.

Ксения, 16 лет: Безрабо́тица, экономические кризисы, заде́ржка заработной платы.

Ирина, 19 лет: Кризис в России. Здесь живут все наши родственники. Наде́жда на лучшую жизнь.

Татьяна, 23 года: Мои родители и бабушка с дедушкой так решили. Я приехала с ними.

Евгений, 17 лет: Стало очень тяжело жить.

Евгений, 18 лет: Жизнь короткая, охо́та везде пожить.

5. Назовите проблемы вашей интеграции.

Лилия, 19 лет: Языковые трудности, трудности с оформлением документов.

Ирина, 19 лет: Родные остались в России, очень тяжело всё бросить. Незнание языка.

Татьяна, 23 года: Очень тяжело начинать новую жизнь. Ритм жизни совсем другой.

Анастасия, 17 лет: Мало обще́ния с немцами.

Евгений, 19 лет: Незнание немецкого языка, другие зако́ны.

Евгений, 20 лет: Ме́стное населе́ние нас не понимает. Нет друзей.

Участники курса немецкого языка, г. Пирна, январь 2000

27 относи́ться/отнести́сь к чему — sich verhalten
28 Rathaus
32 страхо́вка — Versicherung
34 Steuer
36 ро́вный — eben, glatt; *hier*: ausgezeichnet
38 das Streben
39 безрабо́тица — Arbeitslosigkeit
Verzögerung
42 наде́жда — Hoffnung
46 Lust, Wunsch *(umg.)*
54 Umgang, Verkehr
55 зако́н — Gesetz
56 ме́стный — einheimisch
населе́ние — Bevölkerung

Работайте с текстом

1. Скажите, что нравится и что не нравится молодым переселенцам в Германии.
2. Назовите причины их решения уехать из России.
3. Назовите проблемы их интеграции.
4. Опишите Германию по впечатлениям молодых людей.
5. Сравните это описание с вашим представлением о Германии.

Следующий шаг

1. Из ответов молодых людей сделайте вывод, чем отличается жизнь в России и в Германии.
2. Сравните этот текст с текстом «Трагический август 1941-ого». Расскажите о судьбе родителей сегодняшних переселенцев.
3. По материалам текстов и таблицы (стр. 105-106) расскажите об истории русских немцев.
4. Назовите причины, которые заставляют людей эмигрировать.

7 Земля у нас одна

Опишите карикатуру. Какую проблему она затрагивает? Согласны ли вы с интерпретацией художника?

C Активный словарик к теме «Экология»

вымира́ние ви́дов	Aussterben von Arten
вымира́ние лесо́в	Waldsterben
выруба́ние, ру́бка ле́са	Abholzung
выхлопны́е га́зы	Abgas
загрязне́ние окружа́ющей среды́	Umweltverschmutzung
загрязне́ние по́чвы	Bodenverschmutzung
загрязне́ние во́здуха	Luftverschmutzung
загрязне́ние море́й	Verschmutzung der Meere
захороне́ние, храни́лище	Mülldeponie
защи́тник, защи́тница окружа́ющей среды́	Umweltschützer(-in)
ки́слый, кисло́тный дождь	saurer Regen
му́сор	(Haus)Müll
мусоросжига́тель	Müllverbrennungsanlage
мусоросжига́тельные устано́вки (заво́ды)	
озо́новая дыра́	Ozonloch
озо́новый слой	Ozonschicht
организа́ция охра́ны окружа́ющей среды́	Umweltschutzorganisation
отхо́ды	Abfälle
охра́на окружа́ющей среды́	Umweltschutz
парнико́вый эффе́кт	Treibhauseffekt
ру́бка вла́жных тропи́ческих лесо́в	Abholzung der Regenwälder
смог	Smog
сто́чная вода́	Abwasser
ути́ль, ути́льсырьё	verwertbare Abfälle
утилиза́ция	Abfallverwertung

1. Как спасти Волгу?

Открытие первых ГЭС (гидроэлектроста́нций) на Волге праздновали в бывшем СССР как народные праздники. Это были «великие победы» всего советского народа над природой. В газетах и по радио говорили только о по́льзе водохрани́лищ. О проблемах, свя́занных с ними, не было ни слова. Сейчас об экологической ситуации на Волге веду́тся дискуссии. Говорят о проблемах, думают, как их решить.

Волга в районе Астрахани. Водохранилища, построенные по всей Волге, несут с собой много экологических проблем.

Алёна Оленова, Чувашское телеви́дение*:
Знаю одну деревню у нас в республике, где раньше была трёхэтажная школа. Дети в ней учились в две смены. Сейчас там осталось несколько семей. После того, как построили Чебоксарскую ГЭС, чтобы был свет, люди сидят при кероси́нках. У них ничего нет. Раньше до Волги было 7 километров, теперь она рядом. А рыбы никакой нет. Мелково́дье тя́нется и тя́нется. Мы так

2 Wasserkraftwerk
9 по́льза — Nutzen
Stausee
10 свя́занный — verbunden
13 води́ть//вести́ — führen
20 Petroleumlampe
22 Niedrigwasser
zieht sich hin

Кемеровская область. Митинг участников экологического движения.

23 erreichen
25 ragen hervor
verfault
26 вид — Aussicht, Aussehen, Anblick
unheimlich
30 sich Sorgen machen um
31 коли́чество — Menge
32 ка́чество — Qualität

и не сумели добра́ться до нормальной глубины. Повсюду торча́т деревья. Всё гниёт. Ви́д совершенно жу́ткий. Вот что мы получили вместе с «морем». А качество воды, которую мы в Чувашии пьём?! Какой смысл беспоко́иться о её коли́честве, когда у неё просто ужасное ка́чество?

35 in Betrieb genommen
36 fließendes Wasser
Abschnitt
37 verbesserte
38 überflutete
39 Schwefelwasserstoff
40 wirtschaftlich
Nutzung
41 verdorren
42 Alge
43 Ablassen

Галина Юлова, доцент биологического факультета Нижегородского университета:
До декабря 1980 г., когда был пу́щен первый агрега́т* Чебоксарской ГЭС, мы жили на последнем прото́чном уча́стке Волги длиной приблизительно 340 километров. Он оздора́вливал ситуацию на реке. Теперь здесь зато́пленные и неубранные деревья, создающие сероводоро́дную зону. Идёт затопление террито́рий*, которые никогда не хотели убирать из хозя́йственного по́льзования. Усыха́ют леса. При замедлении течения появились сине-зелёные во́доросли, которые очень токси́чны*. Надо ставить вопрос о спу́ске водохранилища. Этот проточный участок имеет колоссальное значение для оздоровления Волги.

Валентина Малахова, записи из конференции «Дни Волги»

Грамматика

Вставьте союзы.

1. … построили Чебоксарскую ГЭС, люди сидят при керосинках.
2. Это проточный участок, … имеет большое значение.
3. Качество воды, … мы пьем, очень плохое.
4. … была готова Чебоксарская ГЭС, мы жили на последнем проточном участке.
5. Идёт затопление территорий, … никогда не хотели затапливать.

Г Сою́зы (Konjunktionen)

и, а, но, или, что, чтобы, так как (т.к.), если, потому что

кто, что, который, чей, сколько

где, куда, откуда, как, когда, зачем, отчего, почему

как только, с тех пор как, пока, после того как

Работайте с текстом

1. Как относились к строительству ГЭС при советской власти?
2. Назовите проблемы, связанные с водохранилищами на Волге.
3. Опишите, как выглядят участки, затопленные водой.
4. Какое значение имеют проточные участки на Волге?

Следующий шаг

На основании текста приведите аргументы «за» и «против» спуска водохранилищ на Волге.

Слова со значком ° образованы от уже известных вам слов.

2. Почему никто не хочет спаса́ть Байкал?

Наши пре́дки пели о Байкале песни. Мы пишем постановле́ния и зако́ны. Поэтический «свяще́нный Байкал» сегодня – это прежде всего 23 000 кубических километров чистой питьево́й° воды. Глядя с па́лубы теплохо́да на эту голубую воду, у тебя такое ощуще́ние, что ты ногами в тарелке с супом: питьевая вода ведь! Здесь её чистоту́° творит° сама природа. И такой драгоце́нной воды дал нам Бог целое озеро. Байкал больше Балтийского и Азовского морей, вместе взятых. Хва́тит этой воды, чтобы 50 лет пои́ть всё человечество.

А в мире уже ощуща́ется° нехва́тка° питьевой воды. Сейчас 1 литр такой воды стоит 50 центов, или 11 500 трлн. долларов за всю байкальскую воду. В ближайшие 5-10 лет цена будет намного больше. Во́дный° голод заста́вил уже монго́лов* и кита́йцев просить у нас байкальскую воду. Уже есть проект перебро́ски в Китай 10-15 кубических километров воды из Байкала.

Качество байкальской воды наблюдают уже 30 лет. В лаборатории 5 лет стоит ко́лба* с байкальским и́лом и с водой, которую сбра́сывает в Байкал печально знаменитый целлюло́зно-бума́жный комбинат (ЦБК). Микробио́логи* говорят, что этот уника́льный* ил может очистить° даже такую воду. У Байкала сильная система самоочистки°. Но си́лы° озера не бесконечны°. Уже появились сине-зелёные во́доросли, выделя́ющие токси́ны*, со́рные рыбки ротаны и другие при́знаки нашей цивилизации. Больше всего грязи несёт в Байкал река Селенга. Она берёт её на территориях Монголии и Бурятии. Без всякой очистки° идёт в озеро грязь прибре́жных городко́в° и посёлков. Особенно биологов трево́жат… стира́льные порошки́. А ещё есть колеба́ния у́ровня воды из-за ГЭС, есть лесные пожа́ры, туши́ть которые нет денег, есть немало и других бед.

Но настоящим ро́ком Байкала стал ЦБК. Во время Кари́бского* кри́зиса* Америка не стала продавать Советскому Союзу целлюлозу, которая нужна вое́нным. Эко́логи* и обще́ственность сопротивля́лись, но лидер государства Никита Хрущёв сказал: «Строить со́бственный комбинат!» Нужно один раз увидеть три чадя́щие трубы́ среди красивых берегов и прозра́чной воды, чтобы понять всю абсу́рдность* этого решения.

Плохо и людям. Люди болеют в Байкальске в 2 раза чаще, чем даже в очень проблематичном Иркутске. И деби́лов рожда́ется° на столько же больше.

Решения перепрофили́ровать*, а то и вовсе закрыть комбинат принимались много раз. Но он жив и, наверное, будет ещё долго

	спаса́ть/спасти́	retten
1	Vorfahren	
	Erlasse	
2	зако́н	Gesetz
	heilig	
4	Deck	
	Motorschiff	
	ощуще́ние	Empfindung
6	kostbar	
8	хвати́ть (*nur 3. Pers.* хва́тит)	ausreichen
	mit Wasser versorgen	
12	заставля́ть/заста́вить	zwingen
	Chinesen	
13	Beförderung	
16	Schlamm	
17	lässt ab	
18	Papier-	
21	Alge	
	absondernde	
22	schädlich	
	Anzeichen	
25	am Ufer liegende	
26	beunruhigen	
	Waschpulver	
	Schwankungen	
	у́ровень (*Gen.* уровня)	Höhe; Niveau
27	пожа́р	Brand, Feuer
	löschen	
28	беда́ (*Pl.* бе́ды, бед)	Unglück
29	Schicksal	
31	Militär	
	Öffentlichkeit	
32	leisteten Widerstand	
33	со́бственный	eigen
34	rauchende Schornsteine	
	прозра́чный	durchsichtig, klar
37	geistig Behinderte	

41	vergiften	
	Schutz	
44	zugefügter Schaden	
45	оце́нивать/оцени́ть	einschätzen
46	хозя́ин (*Pl.* хозя́ева, хозя́ев)	Besitzer
	переме́на	Änderung, Wende
	versichern	
47	das Gegenteil	
48	den Gerüchten nach	
	hochrangig	
49	Beamte	
51	госуда́рство	Staat
52	со́бственность, *-и*	Eigentum
53	oh weh, leider	
54	Kläranlage	
55	stinkend	
56	жи́дкость, *-и*	Flüssigkeit
57	Substanz	
	образо́вывать(ся)/ образова́ть(ся)	(sich) bilden
59	вари́ть/с-	kochen
60	происходи́ть/произойти́ (*nur 3. Pers.*)	geschehen
	unumkehrbar	
62	создава́ть/созда́ть	erschaffen

отравля́ть всё вокруг: президент не подписал° закон об охра́не Байкала, сказав, что нет денег.

По подсчётам° специалистов, ЦБК платит за загрязне́ние° вод Байкала почти в 200 раз меньше наноси́мого уще́рба. А ущерб, нанесённый в 1995 г., оце́нивается в 580 млн. долларов. Понятно, что хозя́ева ЦБК никаких переме́н не хотят, хотя заверя́ют в обра́тном. А́кции* ЦБК купили даже некоторые депутаты Думы. По слу́хам, они есть и у высокопоста́вленных иркутских чино́вников.

Очень странно ведёт себя в этой ситуации самый крупный акционе́р* – госуда́рство, имея здесь более 40% акций. Но Байкал более дорогая его со́бственность, чем ЦБК. Казалось бы, в интересах Байкала и надо действовать. Но увы́…

На очистны́х сооруже́ниях показывают, как из коричневой воню́чей жи́дкости получается прозрачная вода. Правда, пить эту воду работники комбината не хотят. И правильно делают. Ведь на контроле, как говорят учёные, только 13 веще́ств. А их образу́ется около 200.

Экологи говорят, что если вари́ть целлюлозу ещё лет 5, в Байкале произойду́т необрати́мые изменения.

Так где же выход? Ответ ясен для каждого, кто хоть раз был здесь. Это место самим Богом со́здано для отдыха. Правы экологи – не надо ничего перепрофилировать. Надо закрывать комбинат и делать бизнес на отдыхе. Места лучше, чем Байкал, для этого не найти.

Аргументы и факты, 38/1997

Лексика

Дополните предложения по смыслу.

1. Вода в Байкале – это…
2. Даже такую воду может очистить…
3. Уже сегодня в мире ощущается…
4. Если не закрыть комбинат, то на Байкале произойдут…
5. Воды в Байкале хватит, чтобы…
6. Особенно большая проблема – это…

… 50 лет поить всё человечество.
… уникальный ил Байкала.
… чистая питьевая вода.
… необратимые изменения.
… стиральные порошки.
… нехватка питьевой воды.

Работайте с текстом

1. Что вы узнали из текста об озере Байкал?
2. Почему через 5-10 лет цена на воду Байкала будет намного больше?
3. Какие экологические проблемы появились за последние годы?
4. Какую роль в загрязнении Байкала играет ЦБК?
5. Почему не удаётся закрыть ЦБК?

Ваше мнение

Экологи предлагают делать бизнес на отдыхе. Что говорит «за» и «против» этого мнения?

Митинг в защиту Байкала.

На улицах городов России много неновых машин иностранных марок. Большинство из них – без катализатора, что очень сильно загрязняет воздух.

3. Пикни́к* на обо́чине

am Wegesrand

Борис и Аркадий Стругацкие – писатели научно-фантастических романов, которые были очень популярны в 70-ые годы. На вопрос о том, откуда они берут сюже́ты для своих романов, братья отвечали так: «Мы ничего не придумываем, мы пишем о жизни». В то время фантастика была удо́бна как жанр*. Литература давала возможность затро́нуть многие проблемы, о которых нельзя было говорить открыто.*
«Пикник на обочине» – так назвали авторы место, где когда-то останавливались инопланетя́не. Остановка была недолгой, но законы природы в этом месте изменились. «Зона» – так стали называть люди это место. Власти изолировали зону. Но ста́лкеры с ри́ском для жизни ходят в зону, приносят оттуда различные предметы и продают их за большие деньги.*

5 удо́бный bequem
6 *hier:* anschneiden
9 Außerirdischer
12 derjenige, der in die „Zone" geht

Перед прослушиванием

Эти слова помогут вам понять текст:
угрю́мый düster – упо́рный *hier:* stur – по́лзать kriechen – брю́хо *umg.* Bauch – посеще́ние *hier:* Besuch von Außerirdischen – зави́сеть abhängen – везти́/по- *hier:* Glück haben – бессле́дно spurlos – грози́ть drohen – пры́гнуть / пере- überspringen – проце́сс позна́ния Erkenntnisprozess – проница́тельный scharfsinnig – навя́зывать/навяза́ть aufzwingen – ра́зум Verstand – разу́мное существо́ vernünftiges Lebewesen – отлича́ть(ся) (sich) unterscheiden – нецелесообра́зный unzweckmäßig – неесте́ственный unnatürlich – посту́пок Tat, Handlung – благополу́чно вы́мрем unvermeidlich aussterben – унизи́тельно erniedrigend – испо́льзовать nutzen – разруше́ние Zerstörung – это уж сли́шком! das ist zu viel! – вели́к bedeutend; groß

Работайте с текстом

1. Как работал сталкер раньше?
2. Какие сталкеры появились теперь?
3. Кто такой Валентин?
4. Что Нунан хочет узнать у Валентина?
5. Как Валентин объясняет, что такое разум? Согласны ли вы с его объяснениями?
6. Чем велик человек, по-мнению Валентина?

Person, die in die verseuchte Zone geht (siehe auch Text 3)

моли́тва	Gebet

Перед чтением

Прочитайте и переведите надпись на плакате.

3 осо́бенность, *-и*	Besonderheit
5 вид	Art
6 Wildschweine	
Hirsche	
ausgestreckt	
8 Parole	
9 Mond-	
Schicht	
снима́ть/сня́ть	herunternehmen; *hier:* abtragen
10 fielen zusammen	
15 Hauptverwaltung der Arbeitslager	
Auschwitz	
18 *hier:* entsteht wieder	
20 mit Dreschflegeln dreschen	
21 mahlen	
Mühlstein	
22 siedelt man aus	
25 Flüchtlinge	
28 Pest	
32 ме́ра	Maß; Maßnahme
34 Schilddrüse *(umg.)*	
35 Datenbank	
36 verbinden	
39 befragte	
41 Ach was!	
42 ре́зкий	scharf; heftig
43 лечи́ться	sich behandeln lassen

4. Чернобыльский ста́лкер

Интервью со Светланой Алексиевич о её новой книге «Чернобыльская моли́тва. Хроника будущего».

– Что вы знаете об атомной катастрофе в Чернобыле?
– Когда была эта катастрофа?
– Почему ава́рия* на атомной электростанции имела такое большое значение во всём мире?

Светлана, Вы только сейчас, через десять лет, написали об одной из самых ужасных трагедий нашего века. В чём осо́бенность вашей книги?
Когда бываешь в Чернобыле, то чувствуешь себя не русским, не белорусом, а биологическим ви́дом. Из пустых домов выбегают кабаны́, ло́си. И памятник Ленину с протя́нутой рукой. Ты как бы в двух временах: с одной стороны – плакаты, портреты Горбачёва, призы́вы помочь афга́нскому* народу, а с другой стороны – «лу́нные» пейзажи: слой земли был снят на несколько километров. Здесь совпа́ли как бы две катастрофы: социальная и косми́ческая*. Чернобыль стал для нас символом краха коммунистической идеи. Коммунистическая идея никогда не считалась с человеческим материалом.

Чернобыль, как мне кажется, – это главное событие 20-го века. Это больше чем ГУЛА́Г (Главное Управление лагерей), Осве́нцим. Потому что здесь речь идёт не о какой-то части людей, а о миллионах, которые могли и могут исчезнуть.

Говорят, в зоне возрожда́ется жизнь?
В зону возвращаются старики. Там нельзя жить. Там нет света. И люди, которые вернулись нелега́льно*, моло́тят цепа́ми. Муку ме́лют жернова́ми. Возвращается 16-ый век.

Людей отселя́ют уже 10 лет. А в их домах живут русские, которые бегут из Таджикистана, Чечни, Прибалтики, Украины, Грузии, Абхазии, особенно из стран, где идёт война. В России нет государственной программы для бе́женцев. За её границами живут 26 миллионов. Я спрашиваю женщин, у одной из них пятеро детей, у другой – двое, но скоро будет третий: «Поехали бы вы туда, где есть чума́ или холе́ра*?» Они отвечают: «Нет. Но здесь же кио́ски* торгуют».

И торговля опять есть?
Конечно, если тысячи людей опять здесь живут. У человечества ме́ра ужаса одна – война. А этого нового ужаса оно не знает. Это всё происходит, когда умирают тысячи ликвида́торов*, солдат, когда дети болеют «щитови́дкой», лейкеми́ей*, когда у нас у всех низкий иммунитет. А врачи говорят, что у них нет ба́нка да́нных, и они не всё это могут связа́ть с Чернобылем.

Со сколькими людьми вы говорили?
За три года работы над книгой, в «зоне» я была десятки раз. Опроси́ла не менее 300 человек.

Здоровые среди них есть?
Что вы! Я там не жила, но после моих поездок иммунитет у меня ре́зко упал. Даже малая доза радиа́ции* – это очень опасная вещь. Теперь лечу́сь.

Когда денег нет, чтобы спрáвиться с бедóй, начинают говорить о том, что 10 лет прошло и там – в «зоне» – можно жить. Это опять от непонимания цéнности человеческой жизни.

Мне рассказывал один человек, что когда он ездит к родственникам жены в Россию, то у него целый месяц болит голова, пока не вернётся обратно. По его словам, он не может жить в нормальном месте, он может жить только в «зоне». Конечно, происходит какая-то перестройка организма.

Уже есть статистика, что стало больше самоубúйств среди детей. Малая доза радиации действует на псúхику*. Дети, живущие в «зоне», постоянно говорят о смерти. Эти разговоры они слышат каждый день.

Недавно прошла очередная конференция, посвящённая Чернобылю. Удивительно, что некоторые учёные Германии, Голландии говорят, что всё не так страшно, что из желания получить больше денег от Запада, размéры и послéдствия трагедии преувелúчивают.

Есть такое мнение. В мире существуют атомные лóбби*, которые видят в Чернобыльской катастрофе угрóзу развитию атомной энергетики. Для многих западных учёных Чернобыль – это просто лаборатория. Если такое же случится у них, то будет банк данных на чужóм страдáнии, на чужом óпыте. Они относятся профессионально к этому.

Аргументы и факты, 17/1999

44 fertig werden	
бедá (*Pl.* бéды, бед)	Unglück
46 цéнность, *-и*	Wert
52 Selbstmorde	
56 gewidmet	
59 Ausmaße	
Folgen	
60 man übertreibt	
62 Bedrohung	
65 чужóй	fremd
страдáние	Leiden
óпыт	Erfahrung

Грамматика

Образуйте множественное число.
1. пустой разговор; 2. низкий уровень; 3. человеческая жизнь; 4. опасное положение; 5. чужое страдание; 6. важный аргумент; 7. земное явление.

Переведите

Переведите от ст. 4 до ст.17.

Работайте с текстом

1. Почему многие люди опять живут в «зоне»?
2. Назовите некоторые проблемы жителей «зоны».
3. Как, по мнению автора, относятся некоторые западные учёные к Чернобылю?

Ваше мнение

1. У атомной энергетики есть лобби. Как вы думаете, почему?
2. Светлана Алексиевич считает, что Чернобыль – это главное событие 20-ого века.
   Согласны ли вы с этим мнением?

Контроль радиации в одной из деревень, которые находятся в зоне.

8 Она и он

Татьяна Егорова расписывает пасхальные яица.

Посмотрите на фотографии. Опишите, что делают женщины, молодой человек. Расскажите о роли мужчин и женщин в обществе. Как меняется эта роль сегодня?

С папой на Арбате.

В магазине «Хлеб»

Женщина на тяжёлой работе – не редкость.

1. Женщины в России и в Германии

Молодые переселе́нцы из России рассказывают о том, чем отлича́ются русские женщины от немецких.

В при́нципе* русские и немецкие женщины ничем не отличаются. Они одина́ково заботятся о своих детях. Мечтают о гармони́чной* семье и о доста́тке в доме. У них одни́ и те́ же проблемы и радости. Немецкие и русские женщины знают и любят Чайковского также, как Моцарта и Бетховена. Но бы́т у них очень разный:

– Русским женщинам прихо́дится ходить в магазин пешком.

– Многим русским женщинам приходится стира́ть вручну́ю.

– Русские женщины в отличие от немецких любят более элега́нтную* и красивую одежду.

– У русских женщин всегда проблема, чем накормить семью.

– Русские женщины в старости не отдыхают.

Лена, 16 лет; Александра, 15 лет

Славя́нка, или русская, отличается от других женщин особенной не́жностью, женственностью и обая́нием. Со временем женщины огрубе́ли, но в душе каждая из них царе́вна. Представление о русской женщине, которая делает мужскую работу, не всегда правильно. Русским женщинам за всю историю России пришлось преодоле́ть очень много трудностей и несча́стий. Но они остаются нежными и любящими жёнами и матерями.

Славянок очень любят мужчины за их мягкость и терпе́ние. Такая женщина может поддержа́ть мужа в трудную минуту, а может и взять все заботы о семье на себя. В этом русские женщины похожи на немецких. Русские женщины имеют ещё два положи́тельных ка́чества: они умеют одеться со вкусом и облада́ют удивительным ша́рмом*.

Наташа, 14 лет

1	переселе́нец	Übersiedler
2	отлича́ть(ся)/отличи́ть(ся)	sich unterscheiden
4	одина́ковый	gleich
5	Wohlstand, Auskommen	
	оди́н и тот же	ein und derselbe
7	быт	Alltagsleben
8	приходи́ться/прийти́сь (*unpers.*) кому	müssen
9	стира́ть/вы-	waschen
	von Hand	
15	Slawin	
16	Zartheit	
	Charme; Zauber	
17	wurden gröber	
	Zarentochter	
20	überwinden	
	Unglück	
22	терпе́ние	Geduld
23	подде́рживать/поддержа́ть	unterstützen
25	положи́тельный	positiv
26	ка́чество	Qualität
	облада́ть чем	verfügen über

води́тельские права́ (*Pl.*)
Führerschein
ра́нняя беременность, -и
frühe Schwangerschaft
противозача́точные сре́дства
Empfängnis verhütende Mittel
кра́ситься
sich schminken
осо́бый по́вод
besonderer Anlass
уделя́ть/удели́ть
widmen
ерунда́
dummes Zeug; Quatsch

Русские женщины	Немецкие женщины
очень мало женщин с води́тельскими права́ми	почти все женщины с правами
ра́нняя бере́менность мало противозача́точных средств, мало информации о них	страх перед беременностью (презервати́вы*, спира́ли*, таблетки)
часто носят юбки	почти всегда носят брюки
кра́сятся даже на работу	красятся очень мало, только по осо́бому по́воду
уделя́ют больше времени семье	уделяют больше времени себе
мало времени и возможностей для спорта	занимаются много спортом (бассейн, сауна, велосипед)
очень хорошо готовят, с фантазией	готовят всякую ерунду́ (полуфабрикаты или макароны)
больше работают тяжело физически	более спокойная и лёгкая работа
много женщин-врачей, инженеров	много мужчин-врачей, инженеров

Александр, Артур, Маша, Оля , 18 лет

Г

Сравнение (Vergleich)

Я более хороший спортсмен, чем мой друг.
Я спортивнее, чем мой друг.
Я более (менее) спортивный, чем мой друг.

Противопоставление (Gegenüberstellung)

Мы оба хорошие спортсмены, как я, так и мой друг.
В отличие от моего друга я хороший спортсмен.
В противоположность моему другу я хороший спортсмен.

Грамматика

1. Сравните (противопоставьте) русских и немецких женщин.
   Начните так:
   Как немецкие, так и русские женщины…
   В отличие от немецких женщин русские…

2. Образуйте предложения по образцу: Немецкие женщины хорошо готовят, а русские готовят ещё лучше.
   а) Немецкие женщины носят элегантную одежду,…
   б) Немецкие женщины много работают,…
   в) Немецкие женщины терпеливые,…
   г) Немецкие женщины ходят часто пешком,…
   д) Немецкие женщины редко капитулируют перед проблемами,…

Работайте с текстом

1. О чём мечтают русские и немецкие женщины?
2. Назовите черты характера русских женщин.
3. Что вы узнали из текстов о повседневной жизни русских женщин?
4. Сравните быт русских женщин с бытом немецких женщин.

Письменное задание

Назовите темы, о которых говорится в текстах, и напишите сочинение на одну из тем.

В. Милейко, г. Санкт-Петербург

– Опишите карикатуру.
– Какую «женскую» проблему она затрагивает?
– Является ли эта проблема актуальной и для вашей страны?

2. Мини-опрос: Какой должна быть женщина?

Опрос, проведённый недавно социологами, показал, что главным ка́чеством современной женщины мужчины считают ум. А какие качества ещё нравятся мужчинам у современной девушки?

Тимур, студент, 19 лет: «Люблю симпатичных девушек. Добрых, нена́глых, умненьких (но не умнее меня). Важно, чтобы она хорошо готовила. И чтобы я её любил».

Дмитрий, юрист, 28 лет: «Она должна быть общи́тельной, энерги́чной*, не то чтобы красивой, но… Как бы это сказать? Заме́тной! Доброй – желательно. И главное – чтобы меня любила. А что должна уметь? Свободно говорить по-английски».

Александр, спортсмен, 26 лет: «Записывай по пунктам: добрая, но немного вре́дная; непредсказу́емая; чтобы знала себе цену и умела себя подать; чтобы могла любить. Че́стная. Как минимум с одним вы́сшим образова́нием. И – обязательно – чтобы хорошо готовила».

Руслан, журналист, 30 лет: «Сегодня мужчины редко ставят требование: «Чтобы хорошо готовила», а если и так, то это скорее не его требование, а требование его мамы. Спальня важнее кухни! И терпе́ть не могу глупых женщин…»

Валерий, экономи́ст, 40 лет: «Моя женщина – всё равно, жена, любо́вница или секретарша, – должна казаться красивой (подчёркиваю – не быть, а именно казаться!). Должна быть умна и хорошо образована, чтобы с ней можно было говорить на любые темы (хорошо бы хотя́ бы на двух языках). Вообще современной женщине, если она хочет иметь успех, надо научиться водить машину и играть в теннис».

Георгий, водитель, 46 лет: «Главное, чтобы женщина была обая́тельной и с ша́рмом* – в ней должна быть та́йна, зага́дка. Доброта – одно из самых важных качеств. Умение отказа́ть, не обидев, – редчайшее сво́йство. Агресси́вных* женщин не люблю. И ду́р не люблю. Но, если выбирать между умом и обаянием, выберу обаяние».

Аргументы и факты, 15/1998

2	ка́чество	Eigenschaft, Qualität
5	nicht frech	
7	общи́тельный	kommunkativ; umgänglich
8	заме́тный	auffällig
12	eigensinnig	
	непредсказу́емый	unberechenbar
13	че́стный	ehrlich
14	высшее образова́ние	Hochschulabschluss
18	терпе́ть/вы́-	ertragen, aushalten leiden können
19	экономи́ст	kaufm. Angestellter
20	Geliebte	
	подчёркивать/подчеркну́ть	unterstreichen
23	хотя́ бы	zumindest
27	bezaubernd	
	та́йна	Geheimnis
	зага́дка	Rätsel
28	отка́зывать/отказа́ть	ablehnen
29	сво́йство	Eigenschaft
	ду́ра	dumme Frau

Лексика

Выпишите из текстов прилагательные, описывающие женщин.

Г Прилагательное в роли сказуемого
(Adjektivisches Prädikatsnomen)

Девушка добрая.	Мальчик честный.
Девушка была доброй.	Мальчик был честным.
Она будет доброй.	Он будет честным.
Она должна быть доброй.	Он должен быть честным.

Грамматика

Опишите вашу бывшую подругу (бывшего друга) или вашу будущую подругу (будущего друга).

Работайте с текстом

1. Каким вы представляете себе русского мужчину после этого опроса?
2. Сравните результат мини-опроса с результатом опроса, проведённого недавно социологами.
3. Опишите женщину, какой её представляет себе русский мужчина.
4. Назовите качества, которые вы цените в женщине/мужчине.

Следующий шаг

1. Проведите в классе опрос на тему: «Каким, по-вашему, должен быть мужчина?»
2. Сравните результаты опроса с вашим мнением о русском мужчине.

3. Анна Курникова – мегазвезда женского тенниса

Как ни странно, в России её любят меньше, чем во всём остальнóм мире. На западе «Курни» – объéкт обожáния. Феноме́н* Курниковой в том, что её популя́рность* почти не зависит от результатов мáтча*.*
Пусть она не всегда выигрывает на теннисном кóрте – для России она делает больше. Она представляет на Западе новое лицо России, и это лицо очень симпатичное.*

Анна, вы покúнули Россию, когда вам было 9 лет.
Я не покинула Россию. Я просто уехала в Америку тренироваться. В Майами есть всё необходимое для этого: хорошие корты, солнце, богатое витамúнами* питáние. К тому же Москва – большой город, много времени уходит на переезды. Для того, чтобы добúться чего-то в спорте, нужно максимáльно* сконцентрúроваться* на тренировках, и мы с мамой решили, что в Америке это сделать проще.

Так вы по-пре́жнему чувствуете себя русской?
Я взяла всё лучшее, что есть в обеих странах. В Америке я научилась жить просто: захотел – позвонил, и тебе принесут пúццу* на

1	остальнóй	übrig
2	Vergötterung	
8	покидáть/покúнуть	verlassen
11	Ernährung	
12	добивáться/добúться чего	erreichen
16	по-пре́жнему	wie früher

дом! В России, кроме культуры (история, книги, музеи), у тебя никогда ничего нет. Это вырабатывает железный характер, если ты хочешь чего-то добиться в жизни. А я как раз из тех, кто этого хочет. С детских лет я поняла, что без характера, без во́ли ничего не добьёшься.

Ну хорошо, поговорим на более общие темы. Какие качества вы це́ните в мужчинах?
Мужчина должен быть надёжной опо́рой для женщины.

Вам исполнилось 18 лет. Официально вы теперь взрослая. Какой самый важный урок дали вам родители?
О, у меня просто ужасные родители! Ни одной девочке в мире, наверное, не преподноси́ли столько уроков, как мне. Мама, например, научила меня много работать. У нас в России есть пословица: «Кто рано встаёт, тому Бог подаёт». А папа всегда говорил, что я самая красивая девушка в мире. Ведь я похожа на него.

Вас цитируют во многих теннисных изданиях: Курникова призывает теннисисток быть более же́нственными.
А как иначе? Мы представляем женский теннис, где спортсменки носят юбки и выглядеть мы должны как ле́ди*.

Анна, вы не задумывались над тем, чем будете заниматься, когда уйдёте из тенниса? Может быть, станете моде́лью*?
О, это очень интересно. Но когда я закончу выступать на корте, мне будет около 30 лет – такая старая гры́мза. А вокруг будет море хорошеньких молодых девушек. Но, если при этом мною заинтересуется какой-нибудь моделье́р*.

При вашей любви к наря́дам трудно понять, почему вы так редко выхо́дите в свет.
Светская жизнь происходит по ночам, а я очень люблю поспать! Обычно я прихожу домой в 19.30, немного посижу перед телевизором и отправляюсь в посте́ль. Могу проспать 24 часа! И если в этот день нет тренировок, будить меня бесполезно, всё равно не просну́сь! Ме́жду про́чим, сон лучший эликси́р* красоты.

Журнал «7 дней», 9/1999

22 во́ля — Wille
25 цени́ть — schätzen
26 надёжный — zuverlässig
Stütze
30 erteilten
35 feminin
41 Schachtel
44 schöne Kleider
45 ausgehen
48 посте́ль, *-и* — Bett
50 просыпа́ться/просну́ться — aufwachen
übrigens

Грамматика

Вставьте союз *что* или *чтобы*.

1. Я уехала в Америку,... тренироваться.
2. Анна сказала,... ей было 9 лет, когда она уехала из России.
3. В Майами есть всё,... нужно для тренировки.
4. Она взяла всё лучшее,... есть в России и в Америке.
5. Мама говорила Анне,... нужно много работать,... добиться успеха.
6. Папа говорил ей,... она самая красивая.

Работайте с текстом

1. Почему Анна Курникова очень популярна на Западе?
2. Почему она уехала из России в Америку?
3. Как она характеризует себя?
4. Как воспитывали Анну её родители?
5. Какие у неё планы на будущее?
6. Почему её цитируют многие журналы?

4. Женщины наших дней

Перед чтением

– Посмотрите на фотографии.
– Кем работают эти женщины?
– Какие профессии, по-вашему мнению, являются типично «женскими» /типично «мужскими»?

Слова со значком ° образованы от уже известных вам слов.

3	Herd	
4	Polen	
5	нефть, *-и*	Öl
6	leitende Wach-, Security-	
11	добива́ться/доби́ться чего	anstreben, erreichen
12	verfügen über	
13	поступа́ть/поступи́ть	vorgehen, handeln
16	überschüttet stellte sich dar	
20	Nachkriegs- schleppte, verlud	
24	Trittbrett	
25	Zwillinge	
28	adoptierten	
29	объединя́ть/объедини́ть	vereinen, vereinigen
31	ско́рая по́мощь	Erste Hilfe
32	приходи́ться/прийти́сь *hier:* hinterst	müssen
34	Siedlung	
35	leistete Geburtshilfe	
36	Anforderung Strickleiter	
37	ritt	

Простые русские женщины в конце 90-х годов стали герои́нями двух да́мских* журналов. Один из них, «Твой стиль*», выходит в Польше, другой, «Домашний оча́г», – в Москве.*

Поля́ков заинтересовали девять самых богатых женщин России. Среди них – дама, торгу́ющая° не́фтью, и дама, возглавля́ющая крупное охра́нное аге́нтство, глава моде́льного* агентства и дама, шью́щая шубы знаменитостям°, хозяйка магазина в центре Москвы, а также генера́льный* менеджер компьютерного гиганта*.*

Эти милые блонди́нки (в большинстве) охотно рассказали полякам, как трудно им было всего доби́ться, но какое это удовольствие – располага́ть собой, деньгами и всем миром.*
«Домашний очаг» поступи́л не так. Он пригласил читателей присылать письма-рассказы на тему «Женщина 90-х» - о жёнах, бабушках, матерях. Полученный результат удивил редакцию. Она была зава́лена письмами, в которых жизнь предста́ла в другом свете, чем в польском журнале.

Об Аполинарии Цветковой, 69-летней жительнице° Выборга, написала её внучка:
«В трудные послевое́нные годы она юной девушкой грузи́ла мешки с мукой, чтобы помочь накормить младших братьев. Потом работала на фабрике в три смены, на работу надо было ехать поездом. К этому времени она уже вышла замуж и ждала ребёнка. Однажды она ехала на работу на подно́жке поезда. Прямо с поезда попала в больницу. Близнецы́ – мальчик и девочка – не прожили и недели.

Сама она вы́жила°, но узнала, что детей у неё больше не будет. Они с мужем удочери́ли мою маму, стали ей настоящими родителями. А сейчас бабушка объединя́ет всю нашу огромную семью».

Врач Кира Попова из Тамбова более тридцати лет работает на «ско́рой по́мощи»:
«Я – врач, и этим всё сказано. Работать мне приходи́лось и в глухо́й деревне на берегу Белого моря, и в Вологодской области, и в заполя́рном° посёлке. Начинала в 6 утра, а заканчивала на следующий день. Делала опера́ции*, принима́ла ро́ды. Приходилось летать по вы́зову в вертолёте и спускаться по верёвочной ле́стнице. Плыла к больным на ка́тере* и ехала верхо́м.

Тяжёлым испыта́нием для нас с мужем стала смерть ребёнка: он умер в роддо́ме на вторые сутки от отравле́ния уга́рным га́зом – кто-то недогляде́л. Стольких людей спасла, а своего спасти не успела. И опять работа, работа».

У 26-летнего предпринимателя Юлии Цокуновой из Таганрога муж попал в автокатастро́фу*. Он написал «Домашнему очагу» о своей жене:
«Врачи сказали, что надежды нет никакой. Но я остался жив. После операции – три месяца бессонных° ночей, когда она пела мне песни, чтобы я хоть на часок забылся. Я не хотел жить, но Юлия убежда́ла меня: парали́ч рук и ног – явле́ние° временное°. Два года прошли как в тумане. Она уха́живала за мной, как за ребёнком. Её родители предложи́ли купить ей квартиру, если она переедет в их город и оставит меня. Она не согласилась. За все эти четыре года я ни разу не видел её хму́рой».

26-летняя москвичка Лиана Оболгогиани, психолог, рассказала о себе следующее:
«В тот день, когда на свет появилась наша долгожда́нная° дочь, у меня был шок*: диа́гноз* врачей был безжа́лостным – синдро́м* Да́уна*. Меня угова́ривали отказа́ться от неё, пуга́я тем, что никакой, даже самый любящий, муж не вы́несет постоя́нного обще́ния с инвали́дом*. Но мы взялись доказать всему миру, что она такая же, как мы. Через два года у Машеньки появился брат, и она начала развиваться не по дням, а по часам. В 26 лет я мать троих детей, а самое главное – научилась различать и́стинные це́нности в жизни».

Московские Новости, 51/1998, Елена Весёлая

38	*hier:* Prüfung	
39	Geburtsklinik	
	Vergiftung	
	Kohlenmonoxyd	
40	hatte nicht aufgepasst	
47	убежда́ть/убеди́ть	überzeugen
48	Lähmung	
49	уха́живать	pflegen
50	предлага́ть/предложи́ть	vorschlagen
52	mürrisch, finster	
56	erbarmungslos	
57	угова́ривать/уговори́ть	überreden
	отка́зываться/отказа́ться	sich lossagen
	пуга́ть/ис-	erschrecken
58	выноси́ть/вы́нести	aushalten
	постоя́нный	ständig
	Umgang	
62	и́стинный	wahr
	це́нность, *-и*	Wert

С. Ермилов

– Опишите карикатуру.
– Сформулируйте проблему, которую она затрагивает.

Лексика

Найдите в тексте слова к следующим темам:
1) семья, 2) любовь, 3) отношения между женщиной и мужчиной.

Грамматика

1. Придумайте предложения с глаголами
   а) добиваться/добиться чего в чём;
   б) поступать/поступить как;
   в) приходиться/прийтись (*nur 3.Pr.*);
   г) уговаривать /уговорить кого.
2. Просклоняйте следующие словосочетания:
   а) моя добрая мать; б) его весёлая жена; в) твоя взрослая дочь; г) их маленькая внучка.
3. Выпишите из текста предложения с причастиями и замените их придаточными предложениями с местоимением «который».

Переведите

Переведите письмо мужа Ю́лии Цокуновой.

Работайте с текстом

1. Чем занимаются самые богатые женщины России?
2. Сформулируйте коротко содержание каждого письма в редакцию журнала «Домашний очаг».
3. Расскажите более подробно о женских судьбах из этих писем.
4. Придумайте заглавия к текстам писем.
5. Опишите характеры женщин.
6. Какие черты женского характера импонируют вам больше всего? Почему?

Говорите

1. Какие черты характера вашей мамы/бабушки/учительницы вам нравятся?
2. Какие черты характера вы считаете типичными для немецких (западных) женщин сегодня?
3. Каких немецких женщин вы считаете типичными для сегодняшнего времени?
4. Какими вы себе представляете идеальную женщину/идеального мужчину?

5. Кры́лья

	крыло́ (*Pl.* кры́лья)	Flügel
1	снима́ть/снять	ausziehen
3	Schramme, Narbe	
4	гла́дкий	glatt
	Samt	
5	боль, *-и*	Schmerz
6	сон (*Gen.* сна)	Traum, Schlaf
9	Refrain	
16	дока́зывать/доказа́ть	beweisen
	frisst	
17	Ruß	
19	безу́мный	wahnsinnig
20	кста́ти	übrigens

ты снима́ешь вечернее платье
стоя лицом к стене
и я вижу свежие шра́мы
на гла́дкой как ба́рхат спине
мне хочется плакать от бо́ли
или забы́ться во сне́
где твои крылья
которые так нравились мне

припе́в:
где твои крылья
которые нравились мне
где твои крылья
которые нравились мне

когда-то у нас было время
теперь у нас есть дела
дока́зывать что сильный жрёт слабых
доказывать что са́жа бела
мы все потеряли что-то
на этой безу́мной войне
кста́ти где твои крылья
которые нравились мне

припев

я не спрашиваю сколько у тебя денег
не спрашиваю сколько мужéй
я вижу – ты боишься открытых окон
и вéрхних этажей
и если завтра начнётся пожáр
и всё здание будет в огнé
мы погúбнем без этих крыльев
которые нравились мне

припев

Рок-группа «Наутилус Помпилиус»

24 муж (*Pl.* мужья́, мужéй) (Ehe)Mann

26 вéрхний oberer
27 пожáр Brand
28 огóнь, (*Gen.* огня́) Feuer
29 погибáть/погúбнуть umkommen

Лексика

Назовите антонимы к следующим прилагательным:
а) вечерний, б) свежий, в) гладкий, г) сильный, д) открытый, е) верхний.

Работайте с текстом

1. О чём идёт речь в песне?
2. Расскажите об отношениях между мужчиной и женщиной в песне.
3. Какими эти отношения были раньше и какими они стали сейчас?
4. Крылья – это метафора. Чего?
5. Прочитайте ещё раз вторую строфу. О какой ситуации в России говорится в ней?

Говорите

1. Расскажите о ваших «крыльях».
2. Расскажите, какими вы себе представляете отношения между женщиной и мужчиной.

П. Козич, г. Витебск

– Опишите карикатуры.
– Расскажите о роли мужчины и женщины в повседневной жизни.

hier: jdm. etw. schulden

6. Тебе никто ничего не до́лжен

Перед чтением

– Посмотрите на фотографию.
– Прочитайте и переведите заголовок.
– Как вы думаете, кто эта женщина по профессии?
– Какой у неё характер?

То, что сейчас люди готовы на любую работу, только кажется. Многие не могут освободиться от ло́жных амби́ций*: «Как же, у меня вы́сшее образова́ние!» Меня поража́ют ребята лет двадцати-двадцати двух. Я им предлага́ю реа́льную* работу – быть торго́вым представителем крупной компа́нии*. От них требуется ходить по магазинам и заключа́ть сде́лки на поста́вки продуктов. Да, там действительно надо паха́ть. Особенно первые месяцы. Но ведь и е́сть за что́. Я послала туда, наверно, человек 200, но только двое в коне́чном счёте согласились. Никто не хочет работать за проценты – бегать, все хотят сидеть в о́фисе* и называться менеджерами.

По себе знаю, сразу ничего не бывает. После института три года му́чилась в пла́новом отде́ле: считала крыс разных поро́д, бере́менных мыше́й и лаборато́рную* посу́ду. Мне казалось, что с каждым днём становлюсь глупее. И я пошла на курсы, получила диплом экскурсово́да*. Водила людей по Москве и одновременно работала педаго́гом* в Детском музыкальном театре. Вы́гнали, потому что была беременна, а в Детском театре не любили беременных. После рождения сына стала главным администратором шоу* автокаскадёров*, устраивала гастро́ли*. Потом шила платья и фла́ги*. Потом организовывала художественные выставки, выставки детского творчества, водила слепоглухонемы́х детей в мастерски́е ску́льпторов* (ведь в музеях им ничего не разрешают тро́гать руками). Составляла спра́вки для путеводи́теля.

Развелась с мужем, у меня остались пожилы́е родители, сын, собака и кошка. Поняла: больше не могу позво́лить себе заниматься только тем, что самой интересно, нужна работа, чтобы нормально зарабатывать. Я не могу допусти́ть никакой депре́ссии*. Депрессию может позволить себе только абсолютно счастливый человек, у которого есть надёжный ты́л.

Два года я продавала книги и видеокассеты в фойе́* Большого театра, искала новую работу. В августе меня взяли в центр по подбо́ру ка́дров*: наверно, учли́ мой о́пыт.

Мне кажется, во многих из нас про́чно живёт ощуще́ние, что тебе кто-то что-то должен. Вот что мешает.

Огонёк 40/1998, Наталья Сейбель

2	ло́жный	verlogen, falsch
3	вы́сшее образова́ние	Universitätsabschluss
	поража́ть/порази́ть	verblüffen
4	предлага́ть/предложи́ть	vorschlagen
	торго́вый	Handels-
6	Geschäfte abschließen	
	Lieferung	
7	ackern	
8	Aber es lohnt sich.	
9	в коне́чном счёте	letztendlich
12	му́читься/из-	sich quälen
	Planungsabteilung	
	Ratten	
	Rasse	
	бере́менный	schwanger
13	мышь, *-и*	Maus
	посу́да	Geschirr
16	man warf hinaus	
21	blinde und taubstumme	
22	мастерска́я	Atelier
23	тро́гать/тро́нуть	berühren
	спра́вка	Infomation
	Reiseführer	
24	пожило́й	alt, betagt
25	позволя́ть/позво́лить	erlauben
27	допуска́ть/допусти́ть	zulassen
29	надёжный	zuverlässig
	Rückendeckung	
32	Stellenvermittlung	
	berücksichtigten	
	о́пыт	Erfahrung
33	про́чный	fest, stabil
	ощуще́ние	Gefühl, Empfindung

Г **Отрицание** (Verneinung)

У меня нет работы.
У моего брата не было работы.
Никто в классе не понимает этого вопроса.
Таня ничего не говорила.
Ни для кого не секрет, что она влюблена.
Никому не говори об этом.
Я ни с кем не дружу.
Она ни о ком не спрашивала.
Ни он, ни она не были в Риме.
У него никогда нет денег.

Грамматика

Переформулируйте утвердительные предложения в отрицательные.

1. Им кто-то что-то должен.
2. Как учитель, так и ученики знали об этом.
3. Она обо всех заботится.
4. Она хочет всем понравиться.
5. Мама делает покупки для всех.
6. У неё много друзей.
7. Таня всё знает.
8. Все хотят работать.
9. У неё была собака.

Работайте с текстом

1. Что вы узнали о личной жизни Натальи?
2. Расскажите, кем она работала.
3. Почему она меняла места работы?
4. Охарактеризуйте Наталью.
5. Как она относится к проблеме молодёжной безработицы?
6. В чём она видит одну из причин безработицы в России?

Следующий шаг

Сравните проблему безработицы в России и в вашей стране.

О себе

1. Какие профессии вам нравятся
   а) в социальной сфере;
   б) в сфере обслуживания;
   в) в области науки и техники?
2. Кем бы вы хотели стать в будущем? Почему?

Мнения, дискуссии

1. Многие хотят делать только то, что доставляет им удовольствие.
2. В жизни нужно делать много разных дел, чтобы найти себя.
3. Кто хочет работать, тот всегда найдёт работу.

7. Он сказал

Посмотрите на фотографию. Опишите отношения между мужчиной и женщиной на фотографии. О чём будет идти речь в тексте?

Перед чтением

– Объясните, что, по-вашему, характеризует эмансипированную женщину.
– Как такие женщины относятся к мужчинам?
– Как мужчины относятся к ним?

> Слова со значком ° образованы от уже известных вам слов.

2	wurde kalt	
3	засыпа́ть/засну́ть	einschlafen
4	Tadel, Rüffel	
6	проща́ть/прости́ть	verzeihen
7	frohlockte	
8	пыта́ться/по-	versuchen
9	ве́чный	ewig
10	пока́ не	bis dass
13	и́скренний	aufrichtig
14	ощуща́ть/ощути́ть	empfinden
	Klumpen, Kloß	
15	sich zurechtfinden	
16	wiederherstellen	
	Gleichgewicht	
	unglückliche Liebe	
18	Kommunikation	
	Selbstvervollkommnung	
20	nimmt wahr	
27	vorgetäuscht	
29	пропада́ть/пропа́сть	verschwinden
	определя́ть/определи́ть	bestimmen
	срок	Dauer, Frist
32	поду́шка	Kissen
37	machte Schulden	

Он сказал, что выезжа́ет° и будет через полчаса.

Я ждала, ужин осты́л, телевидение закончило программу, я засну́ла в кресле. Я проспала́°, опозда́ла° на работу и получила вы́говор.

Он перезвонил° через четыре дня и извинился.

Я прости́ла, обрадовалась, как ребёнок, побежала к нему, душа ликова́ла, я пела песенки°, рассказывала смешные истории, пыта́лась коке́тничать* и смеялась.

Он сказал, что так не может быть ве́чно, что наши дружеские отношения прекрасны, пока́ не появились чувства.

Я поняла, что с его стороны никаких чувств нет.

Он сказал, что ему сейчас тяжело.

Я почти и́скренне улыбнулась, почувствовала, как земля уходит из-под ног, и ощути́ла в горле комо́к.

Он сказал, что ему нужно время, нужно разобра́ться в себе и нужно восстанови́ть душе́вное° равнове́сие после неуда́чного рома́на.

Я ответила, что мне нужны дети, нужны обще́ние и самосоверше́нствование.

Он сказал, что не восприни́мает меня как женщину, а только как человека.

Я восприняла это как комплимент.

Он сказал, что сравнивает меня с ней.

Я спокойно дышала, спокойным голосом сказала, что всё понимаю.

Он показал мне её фотографии.

Я рассматривала их с подде́льным интересом, сказала, что она красива и, наверное, очень умна.

Он позвонил и сказал, что пропада́ет на неопределённый сро́к и перезво́нит°, когда появится.

Я не задавала вопросов, ждала, волновалась, не находила себе места, бегала по комнате и плакала ночью в поду́шку.

Через несколько дней он появился на горизо́нте*.

Я была счастлива, говорила стихами, и с удовольствием делилась с подружками новостя́ми°.

Он сказал, что у него материальные трудности.

Я влéзла в долги́, купила еду, его любимые сигареты и пиво, мыла грязную посу́ду, терпе́ла храп по ночам и виделась с ним каждый день.

Он сказал, что не может стри́чься в парикмахерских°, потому что у него голова сло́жной конфигура́ции*.

Я закончила курсы парикмахеров, а также кита́йской кулинари́и*.

Он попра́вился на пять килограммов, решил заняться спортом и купить видеомагнитофон, чтобы получать от жизни больше впечатлений.

Я похуде́ла, упа́ла в о́бморок в метро, не расплати́лась с кредито́рами*, перестала встречаться с подругами, искала более опла́чиваемую работу, не улыбалась, плохо спала и зарабо́тала° странную болезнь сердца под названием° «усталость».

Он сказал, что ему скучно.

Я стала писать рассказы, вытаскивать его по выходны́м на природу, вела умные бесе́ды, познакомила со всеми друзьями и накра́сила но́гти прекрасным ла́ком*.

Он сказал, что это от отча́яния и что бро́ви у меня некрасивы.

Я промолчала°, не обиделась°: обижаться мне было не́когда.

Врач констати́ровал*: «Бере́менна».

Я позвонила ему, сказала, что нужно поговорить, что я выезжаю и буду через полчаса.

Я собралась, вышла из дома и уехала из города на три дня, вдыха́ла воздух полной гру́дью, слушала тишину, ходила по траве, любова́лась природой и ни о чем не думала.

Он оборва́л мне телефон, сказал, что волновался, обзвонил° всех подруг, больницы и мо́рги.

Я сказала, что так не может быть вечно, что наши дружеские отношения были прекрасны, пока не появились чувства.

Он сказал, что тоже меня любит.

Я сказала, что ненави́жу° его.

Он сказал, что мне сейчас тяжело и нужно разобраться в себе.

Я не улыбнулась, земля не ушла из-под моих ног, я уже слышала когда-то эту фразу.

Он сказал, что я – идеал его женщины, что я не иду ни в какие сравнения ни с кем, что только он может оцени́ть особенность и экзальти́рованность* моей натуры.

Я оценила его здоровое чувство ю́мора*.

Он сказал, что очень хочет от меня детей.

Я уже ничего не могла сказать.

Он сказал, что мне нужно отдохнуть, собра́ться с мы́слями и не делать поспе́шных вы́водов.

Я ответила, что устала от бессмысленных° разговоров.

Он сказал, что я самая красивая и самая умная.

Я пове́сила тру́бку.

Он долго и настойчиво перезва́нивал°, потом сразу приехал и пытался вести разговоры о сложности° человеческих отношений.

Я молчала.

Он просил понимания, сочувствия°, проще́ния°, руки и сердца.

Я просила поки́нуть комнату.

Он повторил, что любит меня.

Я сказала, что пропадаю на неопределённый срок.

Когда через пару месяцев в моей квартире разда́лся телефонный звонок и тихий голос спросил меня, я ответила чистую правду: «Такая здесь больше не живёт!»

Ольга Богородская, Иркутский экспресс, www.express.irk.ru

38	посу́да	Geschirr
	терпе́ть/вы-	ertragen
	Schnarchen	
40	sich die Haare schneiden lassen	
41	сло́жный	kompliziert
42	кита́йский	chinesisch
43	nahm zu	
46	худе́ть/по-	abmagern
	fiel in Ohnmacht	
	zahlte die Gläubiger nicht aus	
48	bezahlte	
51	hinausschleppen	
	выходно́й	arbeitsfreier Tag
52	бесе́да	Gespräch
	färbte die Nägel	
54	отча́яние	Verzweiflung
	бровь, *-и*	Augenbraue
55	мне было не́когда	Ich hatte keine Zeit
56	бере́менная	schwanger
60	atmete ein	
	грудь, *-и*	Brust
61	любова́ться чем	sich erfreuen an
62	belagerte, blockierte	
63	Leichenschauhäuser	
72	оце́нивать/оцени́ть	(wert)schätzen
77	sich besinnen	
78	vorschnelle Schlussfolgerungen	
81	ве́шать/пове́сить	aufhängen
	Telefonhörer	
86	покида́ть/поки́нуть	verlassen
89	erklang	

Грамматика

1. Составьте предложения со словосочетаниями в рамке на стр. 143 к содержанию текста.
2. Прочитайте рассказ вслух по ролям, употребляя прямую речь.

Работайте с текстом

1. Разделите текст на смысловые части и придумайте к ним заглавия.
2. Опишите отношения между главными персонажами в первой части текста.
3. Как эта ситуация изменяется во второй половине текста?
4. Почему ситуация так резко изменилась?
5. Кажется ли вам развитие действия в этом тексте реальным? Обоснуйте ваше мнение.
6. Является ли героиня текста эмансипированной женщиной?

Следующий шаг

1. Придумайте для конца рассказа хеппи-энд.
2. Придумайте продолжение рассказа с помощью карикатур.

Через несколько дней...

Через 10 лет...

Подождите! Я так и не понял, кто в доме хозяин?

Г Прямáя и кóсвенная речь
(Direkte und indirekte Rede)

Он сказал: «Я выезжаю через полчаса.»	Он сказал, что выезжает через полчаса.
Она сказала: «Приходи ко мне!»	Она сказала, чтобы я к ней пришёл.
Он спросил её: «Где ты была?»	Он спросил её, где она была.
Он спросил: «Ты любишь меня?»	Он спросил, люблю ли я его.

8. Вы не подходите…

Одна из самых острых социальных проблем в России – женская безработица, особенно после августовского кризиса 1998-ого года.

Прослушайте текст к этой теме.

Эти слова и выражения помогут вам понять текст:

на пи́шущей маши́нке mit der Schreibmaschine – двумя́ па́льцами mit 2 Fingern – Бо́жий Gottes- – объявле́ние Anzeige – европе́йски оде́тый europäisch gekleidet – ды́рочка kleines Loch – заме́тный bemerkba r – мне повезло́ ich hatte Glück – япо́нская фи́рма japanische Firma – испыта́тельный срок Probezeit – бу́ду стара́ться (ich) werde mich bemühen – нача́льник Chef – перераба́тывать sich überarbeiten – потряса́ющий плащ hinreißender Regenmantel – наки́нуть плащ sich den Regenmantel überwerfen – я́щик стола Tischschublade – достаёт отту́да holt von dort

Работайте с текстом

1. Что вы узнали о профессии и о жизни рассказчицы?
2. Как она старается найти работу?
3. Почему ей тяжело найти работу?
4. В чём состоит её новая работа?
5. Опишите её коллег по работе: как они выглядят, как они ведут себя?
6. Как ведёт себя начальник?
7. Как и почему увольняют рассказчицу?

Следующий шаг

1. Что вы можете сказать об условиях работы в России?
2. Сравните их с условиями работы в вашей стране.

Р Личные отношения и чувства

Я влюбилась в него.
Я его ненавижу.
Он отказался от карьеры ради неё.
Я во всём себе отказывала.
Я согласилась выйти за него замуж.
Он согласился быть моим другом.
Он не может взять себя в руки.
Он равнодушен ко мне.
Она всегда в хорошем настроении.
У него всегда хорошее настроение.
Я в восторге от моего нового друга.
Я всегда был(-а) с ним (ней) откровенен (откровенна).
Мои чувства ему (ей) безразличны.
Он(-а) разочаровал(-а) меня.
Я в ней (нём) разочарован(-а).

Перечень заданий (Übersicht über die Arbeitsanweisungen)

Лексика

1. Вы́пишите все прилага́тельные с мя́гкими оконча́ниями.
   Schreiben Sie alle Adjektive mit weichen Endungen heraus.
2 Вы́пишите из текста все обозначе́ния вре́мени / прилага́тельные, которые образо́ваны от существи́тельных.
   Schreiben Sie aus dem Text alle Zeitangaben / die Adjektive, die von Substantiven abgeleitet sind, heraus
3. Вы́пишите из текста / все слова к теме, распределя́я их по граммати́ческим катего́риям: существи́тельное, глаго́л, прилага́тельное / прилагательные, опи́сывающие...
   Schreiben Sie aus dem Text alle Wörter zum Thema heraus und ordnen Sie sie nach grammatischen Kategorien ein: Substantiv, Verb, Adjektiv / Adjektive , die ... beschreiben.
4. Допо́лните предложе́ния по смы́слу / табли́цу.
   Vervollständigen Sie sinngemäß die Sätze / die Tabellle.
5. Назови́те анто́нимы к слова́м и словосочета́ниям / прилага́тельным.
   Nennen Sie Antonyme zu Wörtern und Wortverbindungen / Adjektiven.
6. Назови́те однокоренны́е слова́ со сло́вом.
   Nennen Sie Wörter mit dem gleichen Stamm.
7. Найди́те в те́ксте ва́жные поня́тия / слова́, опи́сывающие...
   Finden Sie wichtige Begriffe / Wörter im Text, die ... beschreiben.
8. Найди́те в те́ксте все глаго́лы с предло́гом и вы́пишите их в инфинити́ве / слова́, обознача́ющие... / слова́ к те́ме.
   Finden Sie im Text alle Verben mit Präpositionen und schreiben Sie sie im Infinitiv heraus / Wörter, die ... bezeichnen / Wörter zum Thema.
9. Объясни́те нижестоя́щие (сле́дующие) выраже́ния по-ру́сски.
   Erklären Sie auf Russisch die unten stehenden (folgenden) Redewendungen.
10. Объясни́те по-ру́сски идиомати́ческие выраже́ния / сле́дующие выраже́ния.
   Erklären Sie auf Russisch die idiomatischen Redewendungen / folgende Redewendungen.
11. От каки́х слов образо́ваны сле́дующие слова́?
   Von welchen Wörtern sind folgende Wörter abgeleitet?
   Отве́тьте утверди́тельно или отрица́тельно в соотве́тствии с те́кстом.
   Antworten Sie bejahend oder verneinend in Bezug auf den Text.
13. Приду́майте предложе́ния с глаго́лами.
   Denken Sie sich Sätze mit den (diesen) Verben aus.
14. Соста́вьте спи́сок слов к теме.
   Stellen Sie eine Vokabelliste zum Thema zusammen.

Грамматика

1. Вста́вьте сою́зы.
   Setzen Sie Konjunktionen ein.
2. Вы́пишите из те́кста все прича́стия / предложе́ния с нижестоя́щими прича́стиями.
   Schreiben Sie aus dem Text alle Partizipien / Sätze mit unten stehenden Partizipien heraus.
3 Вы́пишите из те́кста предложе́ния с прича́стными оборо́тами и замени́те их прида́точными предложе́ниями с местоиме́нием «кото́рый».
   Schreiben Sie aus dem Text Sätze mit Partizipialkonstruktionen heraus und ersetzen Sie sie durch Nebensätze mit dem Pronomen «который».
4. Допо́лните выраже́ния / предложе́ния.
   Vervollständigen Sie die Sätze / die Redewendungen.

5. Замени́те прича́стия предложе́нием с местоиме́нием / други́ми граммати́ческими констру́кциями.
   Ersetzen Sie die Partizipien jeweils durch einen Nebensatz mit dem Pronomen «кото́рый» / durch andere grammatische Konstruktionen.
6. Назови́те соверше́нный вид.
   Nennen Sie den vollendeten Aspekt.
7. Найди́те в те́ксте все / глаго́лы на ..., кото́рые мо́жно замени́ть други́ми констру́кциями / глаго́лы с твори́тельным падежо́м с предло́гами и без предло́гов / прича́стия и деепричáстия и определи́те их фо́рму.
   Finden Sie im Text alle Verben auf ..., die man durch andere grammatische Konstruktionen ersetzen kann / Verben mit dem Instrumental mit und ohne Präposition / alle Partizipien und Adverbialpartizipien und bestimmen Sie ihre Form.
8. Найди́те в те́ксте предложе́ния, в кото́рых есть прича́стия или де́епричастия, и замени́те их друго́й граммати́ческой констру́кцией.
   Finden Sie im Text Sätze mit Partizipien oder Adverbialpartizipien und ersetzen Sie sie durch eine andere grammatische Konstruktion.
9. Найди́те в те́ксте существи́тельные и прилага́тельные в роди́тельном падеже́. Образу́йте от них имени́тельный паде́ж еди́нственного и мно́жественного числа́.
   Finden Sie im Text Substantive und Adjektive im Genitiv. Bilden Sie den Nominativ Singular und Plural.
10. Напиши́те все ци́фры из те́кста слова́ми.
    Schreiben Sie alle Zahlen aus dem Text in Worten.
11. Образу́йте мно́жественное число́ роди́тельного падежа́ / предложе́ния, сохраня́я поря́док слов / прилага́тельные от сле́дующих существи́тельных / существи́тельные от глаго́лов / глаго́лы от существи́тельных .
    Bilden Sie den Genitiv Plural / Sätze, ohne die Reihenfoge der Wörter zu verändern / Adjektive zu folgenden Substantiven / Substantive zu den Verben / Verben zu den Substantiven.
12. Образу́йте повели́тельное наклоне́ние с части́цей «не» от сле́дующих глаго́лов / прилага́тельные к существи́тельным / предложе́ния с этими прилага́тельными по содержа́нию те́кста.
    Bilden Sie den Imperativ mit der Partikel «не» von folgenden Verben / Adjektive zu Substantiven / Sätze mit diesen Adjektiven zu dem Inhalt des Textes.
13. Обрати́те внима́ние на...
    Achten Sie auf .../
14. Объясни́те/, каки́е это прича́стия / употребле́ние ви́да глаго́лов.
    Benennen Sie diese Partizipien /Erklären Sie den Aspektgebrauch.
15. Определи́те глаго́льные костру́кции.
    Bestimmen Sie die Verbkonstruktionen.
16. От каки́х существи́тельных образо́ваны сле́дующие прилага́тельные?
    Von welchen Substantiven sind folgende Adjektive abgeleitet?
17. Переведи́те глаго́лы / однокоренны́е слова́ / предложе́ния с прича́стиями / сле́дующие предложе́ния.
    Übersetzen Sie die Verben / die Wörter mit demselben Stamm / die Sätze mit Partizipien / folgende Sätze.
18. Перескажи́те (расскажите, переда́йте) содержа́ние в настоя́щем вре́мени / в проше́дшем времени.
    Geben Sie den Inhalt im Präsens / in der Vergangenheit wieder.
19. Переформули́руйте отрица́тельные (утверди́тельные) констру́кции в утверди́тельные (отрица́тельные) / пряму́ю речь в ко́свенную.
    Formen Sie verneinende Konstruktionen (bejahende Konstruktionen) in bejahende Konstruktionen (verneinende Konstruktionen) / direkte Rede in indirekte Rede um.
20. Приду́майте предложе́ния с глаго́лами.
    Denken Sie sich die Sätze mit den (diesen) Verben aus.

21. Просклоня́йте сле́дующие слова́ / словосочета́ния.
    Deklinieren Sie folgende Wörter / Wortverbindungen.
22. Прочитайте рассказ вслух по ролям, употребля́я пряму́ю речь.
    Lesen Sie die Erzählung mit verteilten Rollen vor und gebrauchen Sie dabei die direkte Rede.
23. Соста́вьте предложе́ния по образцу́... / со словосочетаниями в рамке к содержанию текста.
    Bilden Sie Sätze nach dem Muster ... / mit den Wortverbindungen im Kästchen zum Inhalt des Textes.
24. Сравни́те (противопоста́вьте).
    Vergleichen Sie (stellen Sie gegenüber).
25. Сравни́те значе́ние приста́вок.
    Vergleichen Sie die Bedeutung der Präfixe.
26. Употреби́те проше́дшее вре́мя.
    Verwenden Sie die Vergangenheitsform.
27. Употреби́те слова́ в ско́бках в пра́вильном падеже́.
    Verwenden Sie die Wörter in Klammern im richtigen Kasus.

Работайте с текстом

1. Аргументи́руйте ваше мнение.
   Vertreten Sie Ihre Meinung.
2. Интерпрети́руйте заголо́вок.
   Interpretieren Sie die Überschrift.
3. Как отно́сится к... / относитесь вы к мнению / характеризу́ет...?
   Wie steht ... zu / stehen Sie zu der Meinung / charakterisiert...?
4. Как, по мне́нию автора, ...?
   Wie, nach Meinung des Autors, ...?
5. Назови́те причи́ны / пробле́мы, свя́занные с...
   Nennen Sie die Ursachen / die Probleme, die mit ... verbunden sind.
6. Найди́те в тексте места́ / стро́чки...
   Finden Sie im Text Stellen / Zeilen ...
7. Начни́те так.
   Fangen Sie so an.
8. О чём идёт речь?
   Worum geht es?
9. Объясни́те назва́ние.
   Erklären Sie den Titel.
10. Отве́тьте одни́м предложе́нием.
    Antworten Sie in einem Satz.
11. Переда́йте содержа́ние своими слова́ми / одни́м предложе́нием.
    Geben Sie den Inhalt mit eigenen Worten / in einem Satz wieder.
12. Приду́майте заголо́вки к абза́цам.
    Denken Sie sich Überschriften zu den Abschnitten aus.
13. Прочита́йте текст по роля́м.
    Lesen Sie den Text mit verteilten Rollen vor.
14. Раздели́те текст на смысловы́е ча́сти. Придумайте (дайте) заглавия для каждой части.
    Teilen Sie den Text nach Sinnabschnitten auf. Geben Sie ihnen Überschriften.
15. Расскажи́те,что вы узна́ли из текста о.../ более подробно.
    Erzählen Sie, was Sie aus dem Text über ... erfahren haben / ausführlicher.

16. Составьте таблицу.
    Stellen Sie eine Tabelle zusammen.
17. Сравните.
    Vergleichen Sie.

Письменное задание

1. Напишите сочинение на тему.
   Schreiben Sie einen Aufsatz zum Thema.
2. Напишите (содержание) от первого (третьего) лица.
   Schreiben Sie (den Text) in der Ich-Form (in der Er-Form).

Перед прослушиванием

1. Постарайтесь понять общий смысл / каждое слово.
   Versuchen Sie, den (allgemeinen) Inhalt zu verstehen / jedes Wort zu verstehen.
2. Прослушайте текст (ещё раз).
   Hören Sie den Text (noch einmal).

Ваше мнение

1. Как вы думаете, почему... / относитесь...?
   Was denken Sie, warum ... / Wie ist ihre Meinung zu...?
2. Обоснуйте ваше мнение.
   Begründen Sie Ihre Meinung.
3. Приведите аргументы за и против этого мнения.
   Bringen Sie Argumente für und gegen diese Meinung.
3. Согласны ли вы с мнением...?
   Sind Sie mit der Meinung einverstanden ...?
4. Что говорит за и против этого мнения?
   Was spricht für und gegen diese Meinung?

Следующий шаг

1. На основании текста приведите аргументы за и против.
   Bringen Sie anhand vom Text Argumente pro und contra.
2. Передайте содержание каждой части одним предложением / содержание текста от третьего лица / содержание своими словами.
   Geben Sie den Inhalt jedes Abschnitts in einem Satz wieder / den Inhalt des Textes in der Er-Form / den Inhalt mit eigenen Worten.
3. Перескажите (расскажите) от первого (от третьего) лица.
   Erzählen Sie in der Ich-Form (in der Er-Form).
4. Придумайте другой конец рассказа.
   Denken Sie sich ein anderes Ende für die Erzählung aus.
5. Проиллюстрируйте.
   Veranschaulichen Sie.
6. Сравните.
   Vergleichen Sie.
7. Сформулируйте к каждой части текста ключевое выражение.
   Formulieren Sie zu jedem Abschnitt einen Schlüsselbegriff.

Перед чтением

1. Как вы думаете, о чём пойдёт речь?
   Worum wird es Ihrer Meinung nach gehen?
2. Посмотри́те по карте.
   Schauen Sie auf die Karte.
3. Прочита́йте и переведи́те загла́вие текста.
   Lesen und übersetzen Sie die Textüberschrift.

Работайте в парах

1. Переда́йте этот рассказ от пе́рвого лица́.
   Geben Sie diese Erzählung in der Ich-Form wieder.
2. Подгото́вьте в гру́ппах вопро́сы и проведи́те интервью́.
   Bereiten Sie Fragen in Gruppen vor und machen Sie ein Interview.
3. Соста́вьте диало́ги и разыгра́йте их в классе.
   Stellen Sie Dialoge zusammen und führen Sie sie in der Klasse auf.
4. Спроси́те друг дру́га.
   Fragen Sie sich gegenseitig.

Говорите

1. Объясни́те сле́дующие выраже́ния по-русски.
   Erklären Sie auf Russisch folgende Redewendungen.
2. Охарактеризу́йте.
   Charakterisieren Sie.
3. Перескажи́те.
   Erzählen Sie nach.
4. Приду́майте ситуа́ции, в кото́рых мо́жно бы́ло бы употреби́ть идиомати́ческие выраже́ния в ра́мке.
   Denken Sie sich Situationen aus, in denen man die idiomatischen Wendungen aus dem Kästchen gebrauchen könnte.

Информация в рамках (Informationen in Kästchen)

Грамма́тика

Речево́й этике́т

Слова́рик

Информа́ция

Список неправильных глаголов (Liste unregelmäßiger Verben)

Б

боро́ться (борю́сь, бо́решься, бо́рются)	kämpfen
брести́ (бреду́, бредёшь, бреду́т)	herumlaufen
броди́ть (брожу́, бро́дишь, бро́дят)	
бро́сить (брошу, бросишь, бросят)	werfen; aufgeben

В

влюби́ться (влюблю́сь, влю́бишься, влю́бятся)	sich verlieben
возврати́ть (возвращу́, возврати́шь, возвратя́т)	zurückgeben
возни́кнуть (возникну, возникнешь, возникнут)	entstehen
восстанови́ть (восстановлю́, восстано́вишь, восстано́вят)	wiederaufbauen, restaurieren
восхити́ться (восхищу́сь, восхити́шься, восхитя́тся)	bewundern
впусти́ть (впущу́, впу́ститшь, впу́стят)	einlassen, hineinlassen
вступи́ть (вступлю́, всту́пишь, всту́пят)	eintreten
вы́брать (выберу, выберешь, выберут)	(aus)wählen
вы́здороветь (выздоровею, выздоровеешь, выздоровят)	gesund werden
вы́пустить (выпущу, выпустишь, выпустят)	hinauslassen; herausgeben
вы́разить (выражу, выразишь, выразят)	ausdrücken
вы́тереть (вытру, вытрешь, вытрут)	abtrocknen

Г

гаси́ть (гашу́, га́сишь, га́сят)	(aus)löschen
гла́дить (глажу, гладишь, гладят)	bügeln; streicheln
горди́ться (горжу́сь, горди́шься, гордя́тся)	stolz sein
грози́ть (грожу́, грози́шь, грозя́т)	drohen

Д

доба́вить (добавлю, добавишь, добавят)	hinzufügen
доби́ться (добью́сь, добьёшься, добью́тся) чего	etw. erreichen; etw. schaffen
доказа́ть (докажу́, дока́жешь, дока́жут)	etw. beweisen
допусти́ть (допущу́, допу́стишь, допу́стят)	annehmen; zulassen
доста́ть (достану, достанешь, достанут)	besorgen, beschaffen
дости́чь или дости́гнуть (дости́гну, дости́гнешь, дости́гнут)	erreichen

З

зави́сеть (завишу, зависишь, зависят) от чего	abhängen
заже́чь (зажгу́, зажжёшь, зажгу́т)	anzünden
заста́вить (заста́влю, заста́вишь, заста́вят)	zwingen
защити́ть (защищу́, защити́шь, защитя́т)	schützen; verteidigen

И

име́ть (имею, имеешь, имеют)	haben, besitzen
исче́знуть (исчезну, исчезнешь, исчезнут)	verschwinden

Л

лови́ть (ловлю́, ло́вишь, ло́вят)	fangen

М

му́чить (мучу, мучишь, мучат или мучаю, мучаешь, мучают)	quälen

Н

найти́ (найду́, найдёшь, найду́т)	finden
напа́сть (нападу́, нападёшь, нападу́т)	überfallen
находи́ть (нахожу́, нахо́дишь, нахо́дят)	finden
ночева́ть (ночу́ю, ночу́ешь, ночу́ют)	übernachten

О

оберну́ться (оберну́сь, обернёшься, оберну́тся)	sich umdrehen
обеспе́чить (обеспечу, обеспечишь, обеспечат)	versorgen mit; sorgen
оби́деть (обижу, обидишь, обидят)	beleidigen; kränken
обня́ть (обниму́, обни́мешь, обни́мут)	umarmen
обсуди́ть (обсужу́, обсу́дишь, обсу́дят)	besprechen
объяви́ть (объявлю́, объя́вишь, объя́вят)	bekanntgeben; ansagen
оказа́ть (окажу́, ока́жешь, ока́жут)	erweisen; ausüben
окружи́ть (окружу́, окру́жишь, окружа́т)	umzingeln
опусти́ть (опущу́, опу́стишь, опу́стят)	senken; herunterlassen
освободи́ть (освобожу́, освободи́шь, освободя́т)	befreien
остава́ться (остаю́сь, остаёшься, остаю́тся)/ оста́ться (оста́нусь, оста́нешься, оста́нутся)	bleiben
осуществи́ть (осуществлю́, осуществи́шь, осуществя́т)	verwirklichen
отказа́ть (откажу́, отка́жешь, отка́жут)	verweigern; ablehnen
отме́тить (отмечу, отметишь, отметят)	anmerken; feiern
относи́ться (отношу́сь, отно́сишься, отно́сятся)/ отнести́сь (отнесу́сь, отнесёшься, отнесу́тся)	sich verhalten
отпра́вить (отправлю, отправишь, отправят)	(los)schicken

П

перестава́ть (перестаю́, перестаёшь, перестаю́т) перестá́ть (перестану, перестанешь, перестанут)	aufhören
пла́кать (плачу, плачешь, плачут)	weinen
пове́сить (повешу, повесишь, повесят)	aufhängen
повы́сить (повышу, повысишь, повысят)	erhöhen
поддержа́ть (поддержу́, подде́ржишь, подде́ржат)	unterstützen
подня́ть (подниму́, подни́мешь, подни́мут)	heben; aufheben
поги́бнуть (погибну, погибнешь, погибнут)	umkommen
поли́ть (полью́, польёшь, полью́т)	gießen
попа́сть (попаду́, попадёшь, попаду́т)	kommen, geraten
порази́ть (поражу́, порази́шь, поразя́т)	verblüffen, beeindrucken
по́ртить (порчу, портишь, портят)	verderben
посади́ть (посажу́, поса́дишь, поса́дят)	setzen, pflanzen; einsperren
поступи́ть (поступлю́, посту́пишь, посту́пят)	handeln; vorgehen
появи́ться (появлю́сь, поя́вишься, поя́вятся)	auftauchen; erscheinen
преврати́ть (превращу́, преврати́шь, превратя́т)	verwandeln
предложи́ть (предложу́, предло́жишь, предло́жат)	vorschlagen
предста́вить (представлю, представишь, представят)	vorstellen

приближа́ться (приближаюсь, приближаешься, приближаются)	sich nähern
прибы́ть (прибу́ду, прибу́дешь, прибу́дут)	ankommen
признава́ть (признаю́, признаёшь, признаю́т)	anerkennen
приказа́ть (прикажу́, прика́жешь, прика́жут)	befehlen
пропа́сть (пропаду́, пропадёшь, пропаду́т)	verlorengehen; verschwinden
прости́ть (прощу́, прости́шь, простя́т)	verzeihen
простуди́ться (простужу́сь, просту́дишься, просту́дятся)	sich erkälten
пря́тать (прячу, прячешь, прячут)	verstecken

Р

разводи́ться (развожу́сь, разво́дишься, разво́дятся) развести́сь (разведу́сь, разведёшься, разведу́тся)	sich scheiden lassen
разви́ть (разовью, разовьёшь, разовью́т)	entwickeln
расстава́ться (расстаю́сь, расстаёшься, расстаю́тся) расста́ться (расстанусь, расстанешься, расстанутся)	sich trennen
ре́зать (режу, режешь, режут)	schneiden
реши́ть (решу́, реши́шь, реша́т)	lösen; entscheiden

С

снять (сниму́, сни́мешь, сни́мут)	herunterholen; ausziehen
собра́ть (соберу́, соберёшь, соберу́т)	sammeln
собра́ться (соберу́сь, соберёшься, соберу́тся)	sich versammeln; sich fertig machen; beabsichtigen
создава́ть (создаю́, создаёшь, создаю́т) созда́ть (созда́м, созда́шь, созда́ст, создади́м, создади́те, создаду́т)	erschaffen
соста́вить (составлю, составишь, составят)	zusammenstellen; bilden; betragen
спасти́ (спасу́, спасёшь, спасу́т)	retten
стреми́ться (стремлю́сь, стреми́шься, стремя́тся) к чему	streben nach

Т

тороп́иться (тороплю́сь, торо́пишься, торо́пятся)	sich beeilen
тра́тить (трачу, тратишь, тратят)	ausgeben; aufwenden
тро́нуть (трону, тронешь, тронут)	berühren

У

уби́ть (убью, убьёшь, убью́т)	töten, morden
убра́ть (уберу́, уберёшь, уберу́т)	wegnehmen; aufräumen
увели́чить (увеличу, увеличишь, увеличат)	vergrößern, erweitern
упа́сть (упаду́, упадёшь, упаду́т)	fallen
употреби́ть (употреблю́, употреби́шь, употребя́т)	gebrauchen, benutzen
успе́ть (успею, успеешь, успеют)	etw. (in best. Zeit) schaffen
установи́ть (установлю́, устано́вишь, устано́вят)	feststellen
утверди́ть (утвержу́, утверди́шь, утвердя́т)	behaupten; bestätigen

Х

хвали́ть (хвалю́, хва́лишь, хва́лят)	loben